Bernhard Felsenthal

The beginnings of the Chicago Sinai Congregation

A contribution to the inner history of American Judaism

Bernhard Felsenthal

The beginnings of the Chicago Sinai Congregation
A contribution to the inner history of American Judaism

ISBN/EAN: 9783337234287

Printed in Europe, USA, Canada, Australia, Japan

Cover: Foto ©ninafisch / pixelio.de

More available books at **www.hansebooks.com**

THE BEGINNINGS

OF THE

CHICAGO SINAI CONGREGATION.

A CONTRIBUTION TO THE INNER HISTORY OF
AMERICAN JUDAISM.

BY

DR. B. FELSENTHAL.

(PUBLISHED UNDER THE AUSPICES OF THE EXECUTIVE
BOARD OF CHICAGO SINAI CONGREGATION.)

CHICAGO:
1898.

CHICAGO, FEB. 28, 1898.

The following correspondence and action of the Executive Board led to the publication of the pamphlet which is herewith respectfully presented to the members of Chicago Sinai Congregation.

ALBERT FISHEL, *President.*

AUGUSTUS BINSWANGER, *Rec. Sec'y.*

CHICAGO, OCT. 24, 1897.

To the President and Members of the Executive Board of Chicago Sinai Congregation.

GENTLEMEN:—Several of your present members have, on different occasions, expressed a desire to serve the cause of Jewish Reform, by securing from the pen of some one who took an active part in its formation, an authentic history of Chicago Sinai Congregation.

Though Jewish Reform ideas originated in Germany and were first promulgated in America by Einhorn, Adler, Hirsch and others, justice to the founders and truth for the future student demands that the fact shall be preserved, in indelible letters, that to Chicago Sinai Congregation belongs the credit of having first fanned these Reform ideas into life.

The struggles undergone, the obstacles overcome by the Congregation's sturdy organizers, have vital bearing on the results affected. Therefore, an account of the events preceding and incident to its founding is needed to make the publication of Sinai's history complete.

You now have the opportunity of securing such an account in the form of an essay carefully prepared for the American Jewish Historica Society by the eminent Dr. Felsenthal. This work, entitled "The Beginnings of Chicago Sinai Congregation; a contribution to the inner history of American Judaism," describes vividly the conditions existing, and the spirit animating our pioneers until 1864.

I would heartily recommend the printing of this essay in pamphlet form, under the auspices of your honorable Board.

Trusting that you will not consider my communication and suggestion presumptuous, I beg to extend to you my sincerest greetings, and remain, with highest esteem,

Yours very truly,

J. L. GATZERT.

3

CHICAGO, OCT. 27, '97.

Mr. J. L. Gatzert, 3628 Grand Blvd., Chicago.

DEAR SIR:—At a meeting of the Executive Board of Chicago Sinai Congregation held on the 25th inst., your communication relating to the manuscript of Dr. B. Felsenthal entitled, "The Beginnings of Chicago Sinai Congregation,—a contribution to the inner history of American Judaism," was considered by the Board, and a resolution was adopted appointing you as chairman, with Leopold Mayer, Leo Fox and B. Loewenthal, as a committee to examine into the advisability of having same printed by the Congregation, and to make a report thereon at the next meeting. I have notified Messrs. Leopold Mayer and B. Loewenthal by this mail of their appointment.

Very truly yours,

A. BINSWANGER,

Secretary.

CHICAGO, Nov. 20, 1897.

To the President and Members of the Executive Board of Chicago Sinai Congregation.

GENTLEMEN:—We have the honor to acknowledge your communication, appointing the undersigned as a Committee to consider the advisability of of printing in pamphlet form, under the auspices of the Congregation, Dr. B. Felsenthal's essay, "The Beginnings of Chicago Sinai Congregation."

We now have the pleasure to report that we have read and discussed the manuscript, and cheerfully recommend its publication, for the following reasons:

First. It sets forth the character and conditions of Chicago's Jewish Congregations prior to the formation of Sinai Congregation.

Second. It shows clearly the gradual development of reform principles among the earnest men who later became the founders of Sinai Congregation.

Third. It proves the presence of a thoroughly religious spirit in the men who dared to remove lifeless forms and ceremonies from our divine service; and describes vividly the inaugural work of our Congregation during the first few years of its existence.

Fourth. It will become a valuable contribution both to the history of Sinai Congregation and the history of the Jewish Reform movement in America.

Thanking you for the pleasant task intrusted to us, we beg to remain,

Yours very respectfully,

J. L. GATZERT,
LEOPOLD MAYER, ⎫
LEO FOX, ⎬ *Committee.*
B. LOEWENTHAL, ⎭

P. S.—In connection with the fourth paragraph of the above, the Committee begs to suggest the re-printing of Dr. Felsenthal's pamphlet, entitled "Kol Kore Bamidbar" (A Voice Calling in the Wilderness) which, at the time of its publication, attracted the attention of the Jewish ministry and laity here and in Germany.

By request of the Committee,

J. L. GATZERT, *Chairman.*

CHICAGO, DEC. 1, 1897.

Mr. J. L. Gatzert, 220 Adams St., Chicago.

MY DEAR SIR: —The report of the Committee of which you are Chairman, in reference to considering the advisability of printing in pamphlet form, under the auspices of our Congregation, Dr. B. Felsenthal's essay, "The Beginnings of Chicago Sinai Congregation," was duly read before the Executive Board at a meeting held on the 29th of November, and on motion of Mr. A. Nathan the report in its entirety was accepted, and it was ordered that the suggestions of the report, in reference to printing said pamphlet as also reprinting Dr. Felsenthal's pamphlet entitled, "Kol Kore Bamidbar," be fully carried out.

And it was further resolved that the entire matter in said report be referred back to the same Committee, with full power to carry out the recommendations in said report contained.

There was no dissenting voice in the Board to the carrying out of your Committee's recommendation, and we believe that the printing of these pamphlets, with the translation of the German in Dr. Felsenthal's essay, will be a valuable contribution to history, and be of advantage to Sinai Congregation and the cause of Judaism.

Trusting the Committee will be able at an early day to present to us the printed pamphlets, I beg to subscribe myself

Yours very truly,

A. BINSWANGER,

Recording Secretary.

THE following paper is intended to be a contribution to the history of Judaism in America. The term "Judaism" here used is to be understood as equivalent with Jewish religion and its manifestations. Judaism in America, though it is comparatively young yet, has had its own peculiar development and its own history. Upon the future historian of Israel the duty will be incumbent to take also the inner life of American Israel into consideration and to make proper researches concerning the forces that were working within it and were bringing forth the changes which Judaism experienced in this cis-atlantic world.

The main quickening and impelling force—this may be said right here—consisted in the so-called Reform-ideas which had been brought over from Germany. In these ideas the deepest roots of the Jewish reform movement in America have to be recognized. From them a mighty inspiring power and a forceful stimulating influence welled forth. But where and when and how did the first visible germs of this movement come forward here in America? How did these ideas give direction to the Synagogue especially and to Jewish religious life in general? How did the new rituals originate, and why did they differ among themselves so much? These and similar kindred questions will have to be answered by the coming historian, who will not be satisfied with being merely a chronicler of certain facts concerning individual Jews or concerning the outer life of Congregations and Societies, but who will try to be a more penetrating historian, looking from the surface of things to the creative powers working beneath it.

In the present paper but a small section of the History of American Judaism will be considered. It is *the Sinai Congregation of Chicago*—a congregation which from small beginnings has risen to be one of the largest and one of the most influential Jewish congregations in America—whose *origins* I am going to relate.

The writer of this paper stood at the cradle of Sinai Congregation. He witnessed its first coming forward into the world, and he took an active part in the *Vorgeschichte* of this congregation. For the congregation had such a *Vorgeschichte*. The congregation grew organically out of the *Juedische Reformverein*, which existed here from 1858 to 1861, in which year, 1861, the congregation as such came into existence and superseded the *Verein*.

The original minutes of this *Reformverein* are, at least for the first half of its existence, still extant, and they are at present before me. They were kept in German. As the writer will have to make copious extracts from the same, he will quote the resolutions passed and other material of a documentary nature in their original German form—believing that by doing so he will serve History best, and that thereby he will open perfectly authentic sources and furnish perfectly authentic material. And it being the writer's purpose to follow in this paper a strictly historical method and to relate objectively what really has happened and what really was done, certain statements will appear herein repeatedly. These repetitions, however, could not well be avoided, as they have reference to facts (the passing of resolutions, and the like) which occurred twice or oftener.

And now, after these introductory remarks, let us proceed to the task before us.

IN 1858, when the writer of this present paper came to Chicago, there were two Jewish congregations there, viz: first, *Kehillath Anshé Ma'arabh*, a congregation whose founders had been, and the majority of whose members then still were, emigrants who had come over from southern Germany ; and secondly, *K. Bené Shalom*, a congregation whose members hailed from the Prussian province of Posen and adjacent parts of Germany. In the synagogue of the first named congregation the *Minhag Ashkenaz* had been adopted ; the synagogue of the other congregation was conducted in accordance with *Minhag Poland*. Officially, both congregations stood upon solid orthodox grounds.

But there were then already a few younger men in Chicago who were not satisfied with existing affairs in Judaism. They were strongly inclined towards " Reform." Yet they were few in number and they were not organized.

In April, 1858, the present writer—or let us hereafter call him by his proper name, by the name B. Felsenthal—came to Chicago and found employment in a banking house. Said Felsenthal also entertained reform views. As some of his countrymen and personal friends whom he met here, were among those whose mental life was not entirely absorbed by their business pursuits, but who had kept and nourished within themselves the love for higher and more idealistic tendencies of life, and who especially wished another state of things in Judaism, it was natural that they, he and his friends, in their private conversations, often came to speak of Jewish affairs and how to better them. And in one of these private intercourses it was agreed to invite a number of friends to come together and to found, if possible, a society for the purpose of fostering Jewish reform.

Invitations were sent out, and in consequence of them a number of friends met on Sunday, June 20, 1858, at 3 p. m., in the office of Greenebaum Brothers, (45 Clark street), and then and there the "*Juedische Reformverein*" was instituted. We are so exact in giving time and place, for *on this day and in that meeting the first*

foundation stones were laid for the Sinai Congregation. We are perfectly justified when we say that June 20, 1858, was the real birth-
day of Sinai Congregation. It is true enough that the association
then founded adopted the name *Juedischer Reformverein*, and that
not until almost three years thereafter the association changed its
name, and resolved hereafter to be named *Sinai Congregation*. But
Sinai Congregation was not merely the accidental follower in time,
it was the direct outcome and organic continuation of the *Reformverein*. The Verein was the root and the congregation was the
tree which had grown out of it; the Verein was the source and the
congregation was the stream that flowed from it. But we shall see
this later on.

The following were present in the memorable meeting held on
June 20, 1858: Gerhard Foreman, Elias Greenebaum, Michael
Greenebaum, Raphael Guthmann, Isaac Greensfelder, Leopold
Mayer, Leopold Miller, Samuel Straus and Bernhard Felsenthal.

Mr. Leopold Mayer was elected as chairman and B. Felsenthal
as secretary.

After an address by the chairman the secretary submitted a
paper containing 27 theses. The same were read and it was resolved to accept them as a basis for further consideration.

The secretary's theses, together with their preamble, read as
follows:

"Wir sind tief von der Überzeugung durchdrungen, dass
Israel von Gott dazu berufen ist, der Messias der Nationen zu sein
und Wahrheit und Tugend auf Erden zu verbreiten. Um diese
hohe Mission erfüllen zu können, muss sich aber Israel noch
in seinem eigenen Innern einem grossen Läuterungsprocesse unterziehen. Dieser Läuterungsprocess kann am besten in dem freien,
von Gott gesegneten Amerika, wo keine äussern Gewalten die Geis-

---

We are deeply convinced that Israel has been called by God to be the
Messiah of the nations and to spread truth and virtue on earth. In order
to fulfill this high mission, Israel has to undergo a process of purification
in its own midst. This object will be best accomplished in free and blessed
America where no material forces check spiritual progress. The special
mission of American Israel, therefore, is to place Judaism before the world,

ter beherrschen, unternommen werden. Die specielle Mission des amerikanischen Israel ist es daher, ein solches Judenthum, gereinigt in Lehre und Leben, der Welt hinzustellen, dass es den Israeliten anderer Welttheile als leuchtendes und nachahmenswerthes Vorbild diene. Um nun nach Kräften hieran mitzuarbeiten, organisiren wir uns heute zu einem *juedischen Reformverein*, für welchen wir folgende leitende Grundsätze aufstellen:

Grundbestimmungen des juedischen Reformvereins in Chicago.

I. Zweck des Vereins.

1. Der Zweck des jüdischen Reformvereins ist, zunächst unter seinen Mitgliedern, dann wo möglich auch in weitern Kreisen, eine gediegenere Erkenntniss des Judenthums und eine mehr veredelte Gestaltung des jüdisch religiösen Lebens anzustreben, zu wecken und zu pflegen.

II. Religioese Grundlage des Vereins.

2. Der jüdische Reformverein hat, wie schon sein Name andeutet, eine entschieden *juedische*, wie eine entschieden *reformatorische* Tendenz. Um dieselbe klarer zu machen, werden folgende seinen Character darlegende Grundbestimmungen aufgestellt:

---

purified in doctrine and conduct, and so to become a shining example for Israelites the world over. In order to do our share in this work, we organize to-day a Jewish Reform Society, for which we draw up the following guiding principles:

Fundamental Principles of the Jewish Reform Society in Chicago.

I. Object of the Society.

1. The object of the Jewish Reform Society is to awaken and cultivate truer conception of Judaism and a higher realization of Jewish religious life, first among its own members, and, if possible, also in wider circles.

II. Religious Basis of the Society.

2. The Jewish Reform Society, as its name indicates, has a decidedly Jewish as well as a decidedly reformatory tendency. In order to explain this more fully the following fundamental views are here laid down:

A. Erkenntniss des Judenthums. Juedische Lehre.

3. Alle religiösen Wahrheiten haben sich bloss auf *freie Erkenntniss und Begruendung* zu stützen. Alle speciell *juedisch*-re-
ligiösen Lehren haben ihren Stützpunkt allein in der freien Erkenntniss und Erforschung derselben aus den anerkannten jüdischen Religionsquellen.

4. Als Quellen für die Erkenntniss der allgemeinen religiösen
Wahrheiten betrachten wir: Die Natur *um* uns—das Weltall—
die Natur *in* uns—das Geistesleben; und die Geschichte des
Menschengeschlechts. Als Quelle für die Erkenntniss der spezi-
fisch jüdischen Lehren erklären wir die Geschichte des Judenthums
und seiner Bekenner.

5. In der Geschichte des Judenthums richten wir vor Allem
unser Augenmerk auf die 24 Bücher der heiligen Schrift. Sie sind
uns der ewige und unversiegliche Born, aus dem wir die hauptsächlichsten Schätze unserer religiösen Erkenntniss schöpfen.

6. Ferner betrachten wir den Talmud und das reiche jüdische
Schriftthum der nachtalmudischen Periode als höchst schätzbare
Quellen jüdisch-religiöser Erkenntniss.

7. Die Bibel wie die nachbiblische jüdische Literatur haben

A. Knowledge of Judaism—Jewish Doctrine.

3. All religious truths shall be based on free investigation and
demonstration. All specifically Jewish doctrines are based exclusively on
unprejudiced investigation and examination of the recognized sources of
the Jewish religion.

4. As sources for the knowledge of universal religious truth, we consider nature surrounding us—the universe,—the nature within us—the
spiritual life,—and the history of mankind. As sources for the knowledge
of specifically Jewish doctrines, we consider the history of Judaism and its
adherents.

5. In the history of Judaism we first of all take into consideration the
twenty-four books of the Bible. These are for us the never-failing well
from which we draw the most precious portions of our religious knowledge.

6. Besides, we consider the Talmud and the rich Jewish literature of
the post-Talmudic period as most valuable sources of Jewish religious
knowledge.

7. Both the Bible and the post-biblical Jewish literature are of great

darum ihre hohe Wichtigkeit, weil aus ihnen wir am klarsten das Judenthum und seine Entwickelung kennen lernen.

8. Jeder Israelite hat das Recht und die Pflicht, in den Religionsquellen durch die Anwendung der von Gott ihm verliehenen Geisteskräfte selbst so viel als möglich zu forschen. Denn nicht durch die Einprägung fremder Erkenntniss wird uns die Wahrheit zu Theil ; nicht von aussen in den Menschengeist hinein, sondern von innen heraus leuchtet das Licht der göttlichen Wahrheit.

9. Kraft der Vernunft, die wir, wie die ganze übrige Natur, ebenfalls als eine Offenbarung Gottes anerkennen, unterscheiden wir in der heiligen Schrift die Schätze ewiger Wahrheit, die in ihr niedergelegt sind, von demjenigen, was Ausfluss mangelhafter Zeitvorstellungen und unrichtiger Welt- und Lebensanschauung ist, oder was im gesetzlichen Bereiche für vorübergegangene und vergängliche Verhältnisse berechnet war.

10. Wenden wir diesen Satz auf die Bibel schon an, so können wir um so unbestrittener uns das Recht zuerkennen, die nachbiblischen Religionsquellen und Einrichtungen der Prüfung zu unterziehen, und das, was wir in der Lehre als wahr und im Leben als beibehaltungswerth erkannt, von dem zu sondern, was sich uns

-----

value to us, because from them we can best learn to understand Judaism and its development.

8. Every Israelite has both the right and the duty to investigate for himself, as much as he can, the religious sources with the aid of the mental powers which God has given him. For it is not through blind acceptance of the views of others that we become possessed of the truth. The light of divine truth does not penetrate the human spirit from without, but emanates from within.

9. By virtue of reason, which we also consider a divine manifestation, as well as the whole of nature, we distinguish in Holy Scripture the treasures of eternal truth which are deposited in it, from that which is merely the result of *primitive* conceptions of the time and of faulty views of the world and of life, and also from that which was merely meant as law for transitory conditions which have long since become obsolete.

10. If we apply this rule to the Bible, we may undoubtedly claim the right to examine religious sources and institutions of post-Biblical times, and to separate that which we have recognized as true in doctrine and worthy of preservation in conduct from that which is recognized as dog-

in der Dogmatik als unstichhaltig und in der Praxis als überlebt
oder ungehörig zu erkennen gibt.

11. Mehr aber noch als im Ausscheiden und Abschaffen
erkennen wir im Pflegen und Aufbauen unsere Aufgabe. Lehrsätze, die wir als wahr anerkannt, die aber vielfach ihren Halt
im Bewusstsein der Zeitgenossen verloren haben, sind wieder neu
und fester einzupflanzen; Institutionen, welche weihend auf das
religiöse Gemüth zu wirken, wohlthätig das religiöse Leben zu fördern vermögen, sind zu erhalten, zweckmässig zu ändern, oder,
wenn nothwendig, den Umständen angemessen neu zu schaffen.

12. Aus dem unter Nummer 8 aufgestellten Grundsatze, dass
wir jeden Israeliten für berechtigt und verpflichtet erachten, durch
eigenes Denken und Forschen sich so viel als möglich mit den
Wahrheiten des Judenthums vertraut zu machen, ziehen wir die
Folgerung, dass bestimmt formulirte Glaubensbekenntnisse, die
das Denken des Einzelnen binden und fesseln, durchaus unjüdisch
sind und niemals aufgestellt werden dürfen. Unser einziges
Dogma, zu dem wir jeden zu uns Gehörigen verpflichtet halten,
ist: Volle Glaubens- und Gewissensfreiheit für Jeden.

13. Beschlüsse des Vereins, insofern sie nicht den Verein als

---

matically antiquated or, for practical purposes, as not being appropriate
any more.

11. We recognize our task still more in the positive work of culti-
vating and upbuilding than in the negative work of eliminating and
abolishing. Such doctrines as we know to be true, but which to a great
extent have lost their hold on the consciousness of our contemporaries,
will have to be implanted anew and more firmly. Such institutions as will
stimulate religious sentiment and which will beneficially influence religious life, shall be preserved, appropriately changed, or, if necessary, so
modified or created anew as to be adapted to present conditions.

12. From the principle laid down in paragraph 8, according to which
we believe every Israelite to be justified and in duty bound to make himself familiar as much as possible with the truths of Judaism, by his *own*
thought and investigation, we infer that a distinctly formulated confession
of faith which chains and fetters the thought of the individual, is decidedly un Jewish and should never be framed. Our only dogma, which we
consider as binding upon every one of our members, is " Perfect freedom
of belief and conscience."

13. Such resolutions of the society as do not concern the organization

solchen betreffen, sondern bloss den Individuen in ihrer Individualität zur Annahme oder Ausführung überlassen bleiben müssen, sind daher bloss als Meinungsäusserungen der zufälligen Majorität, und nicht als bindend für die Minorität anzusehen.

14. Unsere fundamentale Lehre von der Glaubens- und Gewissensfreiheit hat für uns, die wir uns auf jüdischen Boden gestellt haben. nur die eine Einschränkung. dass wir dasjenige als unjüdisch ansehen, was den *ewigen, unwandelbaren* Lehren, wie solche aus den jüdischen Religionsquellen sich für Jeden klar und unzweifelhaft ergeben, entgegen steht. wie z. B. eine Lehre, welche der Wahrheit von einem einzigen, über der Natur waltenden Gotte widersprechen würde, oder eine Ansicht, welche die Zweckmässigkeit gemeinschaftlicher Erbauungen leugnete, u. dgl.

15. Gegen vermeintliche Ketzerei oder Übertretung solcher Bräuche und Vorschriften, die das Individuum allein seinem eigenen Gewissen gegenüber zu verantworten hat, erkennen wir daher kein Recht zu irgend welchen Strafen an. Das einzige, was der Religionsgenossenschaft oder deren Vertreter in dieser Beziehung zusteht, ist das Wort der Belehrung.

16. Wir erkennen auch keinen privilegirten geistlichen Stand an, dessen Glieder zu gewissen kirchlichen Handlungen allein das Recht hätten. Es gibt weder eine erbliche Priesterkaste,

---

as such, but have to be left to the individual to either accept or reject are to be considered merely as opinions of the accidental majority and not as binding upon the minority.

14. Our fundamental doctrine of freedom of belief and conscience. is to us. who stand on Jewish ground, limited in so far only as we consider that un-Jewish which opposes the eternal and unchangeable doctrines which follow clearly and unequivocally for everybody from the sources of Jewish religion ; as for instance, a doctrine which would be in contradiction to the truth of the existence of one God ruling over nature or a view which would deny the propriety of public worship, and so forth.

15. We therefore do not concede to anyone the right of punishing for supposed heresy or for a transgression of such rites and precepts for which every individual is solely responsible to his own conscience. The only right which the religious community or its representatives have in this respect is the word of instruction.

16. We further do not recognize any privileged clerical order whose members should have an exclusive right to perform certain ecclesiastical

noch eine ordinirte und als solche eine besondere Macht habende
Geistlichkeit. Die den Geistlichen obliegenden Verpflichtungen
und Rechte, wie z. B. das Predigen, Vollziehen von Trauungen,
u. s. w., sind bloss von der Gemeinde übertragen. Grundsätzlich
ist jeder befähigte Israelit hierzu berechtigt.

      B. Juedisch-religioeses Leben. Cultus. Gottesdienst.

    17. Der Cultus, den wir aufbauen wollen, und der uns als
Ziel unserer Bestrebungen vor Augen steht, besteht einestheils in
Führung eines moralisch-reinen, menschenwürdigen Lebens, ander-
theils in der Herrichtung von Mitteln, die der sittlichen und geistigen Erhebung und Kräftigung dienlich sind.

    18. In diesem weitern Sinne, den wir dem Begriff *Cultus*
beilegen, umfasst er also die Uebung der Moralpflichten, die
gemeinschaftliche Erbauung, die religiösen Bräuche im Hause und
in der Familie, und die Erziehung der Jugend.

    19. Alle Einrichtungen dieses Gottesdienstes (Cultus), inso-
fern sie nicht ewige Moralsatzungen sind, sind wandelbar, und
können als blosse äussere Erweckungsmittel je nach Umständen
durch andere und ihrem Zwecke mehr entsprechende ersetzt werden.

---

acts. There is no priestly caste, neither by inheritance nor by ordination
which as such has special power. Obligations and privileges, such as
preaching, consecration of marriages, etc. which are incumbent upon the
clergy, are merely mandates of the congregation. As a matter of principle
this may be done by every Israelite who possesses the necessary capa-
bilities.

    B. Jewish Religious Life.—Cult.—Public Worship.

    17. The Cult which we are going to build up and which stands before
our eyes as the goal of our endeavors, consists partly in living a morally
pure and worthy life, and partly in the establishment of such religious institutions and rites by which moral and spiritual elevation and progress
may be furthered and fostered.

    18. Cult, in this wider sense which we give to the concept, comprises
therefore the practice of moral duties, the edification of the congregation
through public worship, the religious rites in the home and in the family
and education of the young.

    19. All institutions of this worship (Cult) are changeable, in so far as
they are not eternal laws of morality; and being external means of
awakening, they may be supplanted, according to conditions, by others
which serve the purpose better.

20. Uebung der Moralpflichten in ihrem ganzen Umfange ist der vornehmste Theil des Gottesdienstes. Unter denselben nimmt die Verbesserung der äussern Lage unserer Mitmenschen, und — nach einem ewigen Naturgesetze — zunächst der Vereins- und Glaubensgenossen, nicht die letzte Stelle ein, und der Verein beabsichtigt, als solcher auch in dieser Richtung thätig zu sein. Diese Verbesserung der äussern Lage Anderer erscheint umsomehr als gottesdienstliche Handlung, wenn man bedenkt, dass die äussere Lage des Menschen sehr vielen Einfluss auf seine geistige und sittliche Erhebung oder geistige und sittliche Verkümmerung hat. Dem Bruder, der neben uns verarmt und die Hand sinken lässt, sollen wir nach dem mosaischem Gesetze helfend unter die Arme greifen. Es ist dieses um so beherzigenswerther, da dadurch auch demjenigen gewöhnlich hülfreiche Hand gewährt wird, der in seinem Seelenleben zu sinken Gefahr läuft.

21. Die Erbauung der Gemeinde besteht in der gemeinschaftlichen Feier des speciell sogenannten Gottesdienstes und sonstiger kirchlichen Handlungen. Zweck solcher Feier ist: Erkenntniss der Wahrheit, Stärkung der Liebe zum Judenthum, Belebung des Gemeingefühls, Kräftigung des brüderlichen Geistes und Sinnes Ermuthigung zur Fortführung eines moralisch fleckenlosen Lebenswandels.

---

20. Practice of moral duties in their entire scope constitutes the principal feature in the worship of God. Improvement of the material con ditions of our fellowmen and, according to an eternal law of nature, first of all of the members of our society and our faith, occupies by no means the last position in the service of God; and it is the aim of this Society to be active also in this direction. This improvement of the material condition of others appears so much the more as service of God when we consider that a man's material condition exercises a great influence upon his spiritual and moral elevation or his spiritual and moral debasement. According to the Mosaic law, we shall uphold the brother if he be waxen poor and his hand fail with us. This commands our attention so much the more, because by so doing we also minister to the man who is in danger of failing spiritually.

21. The edification of the congregation consists in congregational celebration of what is termed public worship proper and of other religious rites. The object of such celebration is cognition of truth, the fostering of love for Judaism, the strengthening of the communal sentiment, increasing of brotherly spirit and feeling, and encouragement to live a moral, spotless life.

22. Das religiöse Leben im Hause und in der Familie ist neu zu beleben, und es ist dahin zu trachten, dass durch geeignete Mittel die jüdische Familie ein Tempel Gottes werde, worin der göttliche Geist, der Geist des Friedens und der Liebe, des Seelenadels und der Herzensweihe, der Reinheit und der Heiligkeit walte.

23. Eine gute Erziehung der Jugend in der Familie und in der Gemeinde ist ein Hauptaugenmerk für uns. Dem jüdischen Kinde werde vor Allem allgemeine Menschenbildung zu Theil; ausserdem aber werde sein Geist mit möglichst vollständiger Kenntniss des Judenthums, sein Gemüth mit Religiosität und Liebe zum Judenthum, sein Willensvermögen mit den Vorsätzen zur Führung eines dem Menschen und dem Israeliten würdigen Daseins erfüllt.

III. Verfassung des Vereins.

24. Der Verein verwaltet mit souveräner Machtvollkommenheit alle seine innern und äussern Angelegenheiten, und keine ausser ihm stehende menschliche Gewalt erkennt er als *bindende* Autorität an.

25. Jeder von einer israelitischen Mutter Geborene, der nicht förmlich zu einer andern Confession übergetreten : ferner jeder von einer nichtisraelitischen Mutter Geborene, der sich ausdrücklich

---

22. The religious life in the home and in the family shall be revived, and it is our endeavor to make the Jewish family by proper means the Temple of God wherein shall dwell the spirit of God, the spirit of peace, of love, of tenderness and holiness, and of devotion to whatsoever is true and good and noble.

23. A good education of the young in the home and in the congregation is one of our chief objects. A Jewish child shall first of all receive a general education, but besides, his mind shall be filled with as complete as possible a knowledge of Judaism, his heart with the spirit of religion and with love of Judaism, his volition with intentions to lead a life worthy of a lover of humanity and a true Israelite.

III. Constitution of the Society.

24. The Society possesses full power to administer all its internal and external affairs and recognizes no human power outside of its own ranks as *binding* authority.

25. Anyone born of a Jewish mother who has not joined another religious denomination, and also anyone born of a non-Jewish mother who adopts explicitly Judaism as his religion, may become a member of the

zum Judenthum bekennt, kann Mitglied des Vereins werden, wenn er die Grundbestimmungen desselben anerkennt, vorbehaltlich näherer Festsetzungen.

26. Die Vertretung des Vereins nach aussen, sowie die Vollziehung seiner Beschlüsse und die Leitung aller seiner Angelegenheiten, übernimmt und besorgt der Vorstand, welcher vom Verein von Zeit zu Zeit frei gewählt wird. Für besondere Angelegenheiten werden besondere Commissionen (z. B. Armen-, Schul-, Cultuscommissionen, u. s. w.) niedergesetzt werden, welche zu bestimmten Zeiten ganz oder theilweise zu erneueren sind. Ueber Zusammensetzung dieser Commissionen, deren Wahl und Verpflichtungen, u. s. w. werden spätere Festsetzungen bestimmen.

27. Der Verein wird so lange auf der Grundlage dieser fundamentalen Bestimmungen fortbestehen, als zehn Mitglieder an diesen Bestimmungen festhalten.

In the meeting of June 20, 1858, and in a few subsequent ones the above theses were debated, and all of them, with some very slight alterations in their phraseology and some very unimportant verbal changes, were accepted unanimously.

We continue now with such extracts from the original minutes, which have reference to the principles by which the Verein was guided, and for which the Verein desired to make propaganda. A few other extracts, referring to the outer history of the Verein, we shall bring further below.

Society, if he subscribes to the fundamental principles of the same. Particular by-laws concerning this point shall be enacted at a future time.

26. The representation of the Society to outsiders, as well as the execution of its resolutions and the administration of all its affairs, shall be undertaken and carried out by the Board of Trustees, which shall bo elected by the Society from time to time through an independent vote. For special affairs, special committees shall be appointed, such as on Charity, Schools, Ritual, etc., and shall be renewed at certain periods, either entirely or partially. The number, manner of election and duties of these committees shall be determined by by-laws to be drawn up later.

27. The society shall exist on the basis of these fundamental principles as long as ten members adhere to them.

In its meeting on January 9, 1859, the Verein, among other actions taken, resolved that

"Folgende Punkte sollen zunächst berathen und festgestellt werden:

a, religiöse Grundlage einer zu gründenden Gemeinde;

b, Wesen, und

c, Form des Gottesdienstes in derselben;

d, Constitution für eine solche."

In the meeting on January 30, it was resolved "ein Committee zu ernennen, dessen Aufgabe es ist, der nächsten Versammlung einen Bericht über die religiöse Grundlage einer zu gründenden Reformgemeinde abzustatten."

The President, Mr. E. Greenebaum, appointed the following Committee: B. Felsenthal, L. Mayer, L. Straus. Upon motion, the presiding officer. Mr. E. Greenebaum, was added to the Committee.

On February 27, 1859, the Committee submitted their report. It read as follows:

"An die Beamten und Mitglieder des jüdischen Reformvereins dahier.

Ihr Committee hält die gestellte Aufgabe für viel zu umfassend, als dass es möglich wäre, dieselbe in einem einzigen Berichte. der für eine einzige Versammlung berechnet ist, zu bewältigen. Vielmehr erscheint es geboten und zweckmässig, nur ein-

---

The following points shall next be considered and decided:

a, The religious basis of a congregation which shall be founded;

b, Essence; and

c, Form of public worship in that congregation;

d. Constitution of such a congregation.

Resolved to appoint a committee whose duty it shall be to submit in the next meeting a report on the religious basis of a Reform Congregation.

To the officers and members of the Jewish Reform Society.

Gentlemen:—Your committee considers the task placed before it as too large to be disposed of in one report which is to be submitted at one meeting. It seems, on the contrary, proper and advisable to take up single points only

zelne Punkte hervorzuheben und zur Berathung und Beschluss-
fassung zu empfehlen, die durch spätere Beschlüsse ergänzt werden
mögen. Nahe liegende Gründe bestimmen uns, zuvörderst prak-
tische Fragen, die unmittelbar in's Gemeindeleben einschlagen, in's
Auge zu fassen, andere, mehr theoretische und weniger mit dem
Gemeindeleben zusammenhängende für spätere Zeiten vorbehal-
tend.

Wir schlagen Ihnen zunächst folgende Punkte vor:

1. Als Feiertage gelten: der wöchentliche Sabbath, der wie
herkömmlich am Samstag gefeiert wird, und die sieben biblischen
Feiertage, nämlich: erster und siebenter Tag Pesach, ein Tag Scha-
bhuoth, ein Neujahrstag, ein Versöhnungstag, erster Tag Sukkoth,
ein Tag Azereth.

2. Ausserdem sollen Chanukkah und Purim, Rosch-Chodesch
und Chol Hammoed sowie auch der neunte Abh im Gottesdienst
der Gemeinde Berücksichtigung finden.

3. Bei jedem Gottesdienste, auch bei einem an solchen
Wochentagen, an denen nach dem Herkommen keine Torahvor-
lesung statt findet, soll das Vorlesen eines Torahabschnittes einen
integrirenden Theil bilden.

4. Die Torah soll in einem Cyklus von drei Jahren verlesen

---

and to recommend them for deliberation and vote, and to complete them
by later decisions. For obvious reasons we shall, first of all, devote our
attention to practical questions which bear directly upon congregational
life and shall reserve others which are more theoretical and less connected
with congregational life for consideration at a later time.

We propose to you at present the following points:

1. As sacred days we consider the weekly Sabbath, which shall be celebrated according to tradition on Saturdays, and the seven Biblical holy
days, to wit: First and Seventh days of Passover, one day of Pentecost,
one New Year's Day, one day of Atonement, one day of Tabernacles and
one day of Atzereth.

2. Besides, there shall be distinguished in public worship the days of
Chanukkah and Purim, New Moon and Chol-Hammoed and the ninth day
of Abh.

3. In every public worship, even on those days, on which according to
tradition, the Torah is not read, the reading of a portion from the Torah
shall form an integral part of the services.

4. The Torah shall be read in a cycle of three years. The Prophetic

werden. Die Haphtaroth sollen, diesem dreijährigen Cyklus angemessen, neu ausgewählt werden.

5. Das Vorlesen der Torah soll in der hebräischen Original-
sprache stattfinden. Die Haphtaroth jedoch sollen in der, der
Gemeinde verständlichen Mutter- oder Landessprache vorgetragen
werden.

6. Aus dem herkömmlichen Gebetbuche sollen mehrere
solche Theile, welche die wissenschaftliche Forschung als die ältesten erkannt hat, und welche desshalb schon einen hohen Grad
von weihender Kraft besitzen, beibehalten werden, jedoch solche
Aenderungen vorbehalten, die nothwendig sind, um sie mit unsern
Ueberzeugungen in Einklang zu setzen. Ausser diesen alten litur-
gischen Stücken soll Gebeten und Gesängen in der Muttersprache
ein bedeutender Raum zuerkannt sein.

7. In der Liturgie soll alles ausgeschieden werden, was mit
den Ueberzeugungen der Gemeinde in Widerspruch steht. Dagegen soll Anderes, welchem heutzutage mehr religiös weihende
Kraft inne wohnt, nachdrücklicher hervorgehoben werden.

8. Der Gottesdienst soll in der möglichsten Würde, womög-
lich gehoben durch ernsten, feierlichen Chorgesang und Orgelspiel
statt finden.

---

portions shall be independently selected and adapted to this triennial
cycle.
5. The reading of the Torah shall be in the original Hebrew. The
Prophetic portions, however, shall be read either in the mother-tongue
intelligible to the congregation or in the language of the country. .
6. Of the traditional prayer-book, there shall be retained some portions which scientific investigation has recognized as most ancient and
which on that account already possess a high degree of religious power.
Still we reserve the right to make such changes as are necessary to bring
these prayers in harmony with our convictions. Besides these old liturgi-
cal portions, prayers and hymns in the vernacular shall have a prominent
place.
7. From the liturgy everything that is contrary to the convictions
of the congregation, shall be eliminated. Other parts, however, which
in our days possess a greater sanctifying power, shall be more strongly
accentuated.
8. Services shall be held with the greatest possible solemnity, and, if
feasible, shall be made more impressive by solemn choral song and organ
music.

9. Bevorzugungen des männlichen oder Zurücksetzungen des weiblichen Geschlechtes sollen im Gottesdienste der Gemeinde nicht stattfinden.

10. Die Gemeinde erkennt keinen privilegirten geistlichen Stand an, dessen Glieder zu gewissen kirchlichen Handlungen allein das Recht hätten. Es gibt weder eine erbliche Priesterkaste, noch eine ordinirte und als solche eine besondere Macht habende Geistlichkeit. Die den Geistlichen obliegenden Verpflichtungen und zustehenden Rechte, wie z B. das Predigen, Vollziehen der Trauungen u. dergl. sind bloss von der Gemeinde übertragen. Grundsätzlich ist jeder befähigte Israelit hierzu berechtigt.

Dies wären zunächst die Punkte, die Ihr Committee Ihnen als Vorschläge anheim gibt.

Achtungsvoll,

Das Committee.
(Unterschriften.)

All these proposals were adopted, and only in a few places slight verbal changes were made But none of these changes and amendments had any real significance. Substantially, the motions, as originally proposed, were unanimously agreed to. One or two of these "amendments" will nevertheless be recorded here, for thereby it will be shown that this "radical" Reformverein, if we may judge from the standpoint of our present day, was, as some of the present generation might say, very conservative.

——

9. In the public worship of the congregation, there shall be no discriminations made in favor of the male and against female worshipers.

10. The congregation does not recognize any privileged clerical order, the members of which should have the exclusive right to perform certain ecclesiastical acts. There is no priesthood, either by inheritance or by ordination, nor is there any clergy which as such possesses special power. Obligations and privileges, such as preaching, consecration of marriages, etc., which are incumbent upon the clergy, are merely a mandate of the congregation. As a matter of principle these acts may be performed by every Israelite, who is able and qualified to perform them.

These are the first points which your committee submits as propositions.

Respectfully,

THE COMMITTEE.

(Signatures)

After section one of the Report had been read, it was moved to strike out the words: "der wie herkömmlich am Samstag gefeiert wird." In support of this amendment the gentleman who made it said, that these words are superfluous and unnecessary, as it is selfunderstood that the Sabbath is to be celebrated on Saturday. No one objected, and the amendment was adopted unanimously.

Upon another motion it was resolved that at the end of this section one the following clause should be added:

"Was den zweiten Neujahrstag betrifft, so soll die Frage über Beibehaltung oder Abrogirung desselben vorläufig eine offene bleiben, und darüber in einer spätern Versammlung weitere Berathung gepflogen werden."

In the same meeting, on February 27. it was also resolved, "dass das frühere Committee noch weitere Berathungspunkte für die nächste Versammlung vorbereite."

In compliance herewith, the Committee on March 13, 1859, submitted an additional report. In full accordance with the propositions made therein, the following resolutions were passed:

1.   In Bezug auf die Stellung der jüdischen Gemeinde nach aussen. so erkennt sie keine ausser ihr stehende menschliche Gewalt als bindend an. der sie sich nothwendig unterwerfen müsste. Die jüdische Gemeinde ist autonom. Sie mag wohl Antheil an Conferenzen und Synoden nehmen, und sie ehrt dankbar alle gutgemeinten Beschlüsse von solchen. Allein ob deren betreffenden Resolutionen in ihr zur Annahme und Ausführung kommen sollen, darüber bleibt sie selbst höchste und letzte Instanz. Wir wollen

---

Concerning the second day of the New Year the question whether it shall be kept or abrogated, shall be left open for the present, and a later meeting shall further consider the matter.

Resolved "that the former committee shall prepare other points for consideration at the next meeting."

1.   The Jewish congregation with regard to its position towards outsiders recognizes no human power outside of its ranks as binding and to which it would have to submit. The Jewish congregation is autonomous. It may participate in conferences and synods and it will gratefully honor all well meant resolutions of such bodies. Whether, however, such resolutions shall be accepted and carried out, will be decided by the congregation as highest and last authority. We would have neither an individual bishop

weder einen individuellen Bischof, noch einen collectiven unter
dem Namen Sanhedrin, Synode. Consistorium und dergleichen,
welcher kraft seiner Stellung gebietend vorschreibt, was in religiösen Dingen zu glauben, zu thun und zu lassen ist.

2. Wie die Gemeinde Selbstständigkeit gegen aussenstch-
ende Gewalten sich wahrt, so erkennt sie auch ihren Mitgliedern
Selbstständigkeit gegenüber der Gemeinde in solchen Dingen zu,
die nicht eigentlich Gemeindeangelegenheiten sind. Die Mehrheit
der Gemeinde kann bloss für das religiöse Leben der Einzelnen in
der Gemeinde durch ihre Beschlüsse Manches empfehlen, aber
nicht erzwingen.

3. Lehren und Anordnungen, die nicht naturgemäss aus der
geschichtlichen Entwickelung des Judenthums sich ergeben, oder
gar mit derselben in Widerspruch stehen, sind unjüdisch, und dürfen in der Gemeinde nicht zum offiziellen Ausspruch kommen.

4. Zur nähern Erläuterung des in der Versammlung vom 27.
Februar angenommenen Art. 7 empfiehlt man Folgendes :

a. Aus dem Gottesdienst ist alles Jammern über Druck und
Verfolgung zu entfernen, ebenso die Bitte um Wiederherstellung
des Opfercultus, um Rückkehr Israels nach Palästina, die Hoffnung auf einen persönlichen Messias und auf eine Auferstehung
des Leibes.

---

nor a collective bishop by the name of sanhedrin, synod, consistory and the
like, who, by authority of his position could authoritatively prescribe what
in religious affairs shall be believed, shall be done or left undone.
2. Just as the congregation protects its independence against outside
forces, so it concedes to its members independence from the congregation
in such matters as are not congregational affairs proper. The majority of
the congregation by its resolutions can only recommend something to the
religious life of the individual but cannot enforce it.
3. Doctrines and regulations which do not naturally follow from the
historical development of Judaism, or which contradict it, are un-Jewish
and shall not find official recognition in the congregation.
4. As a more explicit commentary of article 7, adopted at the meeting
of Feb. 27th, the following is recommended:
a—From public worship there shall be removed wailing over oppres-
sion and persecution, also the prayers for the restoration of the sacrificial
cult, for Israel's return to Palestine, the expression of the hope for a personal Messiah and of a resurrection of the body.

b. Schwulst, Ueberladung, Geschmacklosigkeit ist aus dem Cultus zu verbannen. Darum sollen auch alle unnöthigen Wiederholungen wegfallen.

c. Dagegen ist jedoch der erhebende und begeisternde Gedanke nachdrücklich und mit Wärme hervorzuheben, dass Israel das Priestervolk unter den Nationen der Erde, das von Gott auserwählte Volk sei, um das messianische Reich, *d. i.* das Reich der Wahrheit, der Tugend und des Friedens herbei zu führen.

In the same meeting it was resolved, "ein Committee zu ernennen, um den Entwurf einer Constitution oder Theile einer solchen der nächsten Versammlung vorzulegen."

As members of this Committee the chairman, Mr. E. Greenebaum, appointed: G. Foreman. J. Greenebaum, L. Mayer. Upon motion, the chairman was added to this Committee.

The Committee submitted, on April 10, 1859, the draft of a Constitution, respectively 16 sections as a part of the Constitution.

Action thereon was postponed for a future meeting. But the following resolution was passed on that day: "dass wir bereit sind einer Reformgemeinde auf der Grundlage der von dem jüdischen Reformverein bisher gefassten Beschlüsse beizutreten; und zum Mindesten $12 per Jahr zu einer solchen beizutragen, wenn dreissig Mitglieder zu einer solchen sich zusammen finden."

This resolution remained, for the time being, a dead letter. The opportune time had not come yet.

---

b—Bombastic words, exaggerations and bad taste shall have no place in public worship. Therefore, all unnecessary repetition shall be done away with.

c—On the other hand the exalting and inspiring thought shall be strongly and emphatically accentuated, that Israel is a priestly nation among the nations on earth, the people chosen by God to bring about the Messianic kingdom, *i. e.*, the kingdom of truth, of virtue and of peace.

Resolved to appoint a committee who shall submit in the next meeting the draft of a constitution or of parts thereof.

Resolved that we are ready to form a Reform Congregation upon the principles heretofore adopted by the Jewish Reform Society, and to pay at least $12.00 a year to it, if thirty members can be found to join it.

Let us insert here that more than three months previously, namely on Dec. 27, 1858, Elias Greenebaum. Leop. Mayer, and B. Felsenthal, had issued in the name of the Verein, a call, in which the friends of Jewish Reform in Chicago were urged to unite for the purpose of founding a truly religious Jewish Reform Congregation. At the same time a paper had been drafted, to which those who favored the idea of forming such a congregation added their signatures. But the movement was premature. If, as said above, in April '59 it did not yet appear opportune and feasible to carry out into practice such an idea, it was certainly premature to do so in December '58. The embryonic state of a Verein had still to continue. Nevertheless the paper, having some importance at least in the history of Sinai Congregation, may find a place here as an historical document. It too will corroborate the statement that Sinai Congregation was born in a truly religious spirit and that its founders were honest religious enthusiasts.

The paper is still extant, and it is in my possession. Thus it reads:

"Wir, die Unterzeichneten, haben vielfach wahrzunehmen Veranlassung gehabt, dass in den jüdischen Kreisen dieser Stadt eine grosse Indifferenz gegenüber religiösen Angelegenheiten herrscht; dass aber eine solche Indifferenz das Leben immer mehr in's Gemeine und Materielle zu verflachen droht, und jeden Adel der Gesinnung, jede Theilnahme an höheren Bestrebungen, jede Würdigung der heiligern Güter der Menschheit erstickt; dass dagegen ein ächt religiöses Leben, wenn es ist wie es sein *soll*, der mächtigste Factor in Heiligung der Gesinnung und Gesittung, in Läuterung des Strebens und Lebens ist. Um nun der Segnungen der Relig-

---

We, the undersigned, have frequently had occasion to notice that in the Jewish circles of this city, there exists a great indifference to religious affairs. Such an indifference threatens to make life more and more base and materialistic, and stifles all nobility of thought, all participation in the higher endeavors towards the holiest possessions of mankind. On the other hand, a genuine religious life, which is as it ought to be, remains the most powerful factor in the sanctification of thought and conduct, in the purification of aim and life. In order to participate in the blessings of religion to the greatest possible extent and in the most efficacious manner, and in order to bequeath them as the best heritage of the congregation of Jacob to the succeeding generations, we herewith unite for the purpose of

ion in möglichst grossem Masse und in möglichst wirkungsreichster Weise theilhaftig zu werden, und dieselben als das beste "Erbtheil der Gemeinde Jacobs" der nachfolgenden Generation zu vererben, treten wir hiermit behufs Gründung einer israelitischen Gemeinde zusammen, welche zum Zwecke hat, religiösen Sinn zu wecken und zu pflegen, Erkenntniss der jüdischen Lehre zu verbreiten, jüdisches Leben edler und wahrhafter zu gestalten

Zu diesem Zwecke wird die zu gründende Gemeinde vorerst folgende Punkte ins Auge fassen :

1. Schaffung eines Gottesdienstes, welcher in seinem *Inhalte* ächt jüdisch und wahr ist, darum den Ausspruch von Ansichten, welchen ihren Halt in unserm Bewusstsein verloren haben, vermeidet, dagegen andere nachdrücklicher betont, welche klarer, schärfer, und als wichtiger von dem Judenthum der Gegenwart erkannt worden sind; eines Gottesdienstes ferner, welcher in seiner *Form* den Anforderungen der Zeit gemäss ist und den Theilnehmenden in Wahrheit zu erbauen und zu erheben vermag;

2. Weckung und Pflege eines jüdisch-religiösen Sinnes in den Familien, indem auf Ausscheidung theils abgestorbener, theils auf der Grundlage irriger Anschauungen beruhender Sitten und Gebräuche, und auf Schaffung solcher hingearbeitet wird, welche lebendiger, wahrer und zu segensreichem Erfolge befähigter sind.

An der Erreichung der obengenannten Zwecke mit Liebe und

---

founding a Jewish congregation which shall awaken and cultivate a religious spirit, shall spread knowledge of Jewish doctrines and shall make Jewish life nobler and truer. For this purpose the congregation which is to be founded shall first consider the following points:

1. The creation of a liturgy, which in its contents is genuinely Jewish and true, and, therefore, shall avoid the expression of views which have lost their hold on our consciousness, while it will the more strongly accentuate those views which the Judaism of the present era has recognized clearly and distinctly as more important. This service shall in its appearance be adapted to the needs of the times and shall really edify and elevate the worshiper;

2. Fostering and cultivation of a Jewish religious sentiment in the families by an endeavor to abolish customs and rites which are either defunct, or are based on erroneous views, and to create such rites as shall be full of life and truth and capable of bringing forth blissful results.

nach Kräften mitzuarbeiten. das ist's was wir durch unsere Unter-schrift hiermit versprechen. Chicago, den 28 Dez., 1858.

Among the signers were: Leop. Mayer, Samuel Alschuler, Nathan Mayer, Isaac Liebenstein, Raphael Guthman, Elias Greene-baum, B. Felsenthal, Isaac Greensfelder, G. Foreman, Henry Greenebaum. Jacob Greenebaum, and a few others.

Many of those who had joined the Verein and who favored the instituting of a new congregation, were members of Kehillath Anshé Ma'arabh. In fact, the majority of the members of the Verein were still members of said Congregation. In order to receive more light on the questions involved from an authority who, as such, was acknowledged and honored by many of the Chicago friends of reform, a letter was sent to Dr. S. Adler, the Rabbi of the Emanuel Congregation in New York, submitting to him several questions and requesting his answers thereto. The first letter, dated November 24, 1858, contained the following four questions: 1. Is it desirable to establish a new reform congregation here? 2. What do you think of "Minhag America"? 3. What ways are to be pursued in a mixed congregation, that is, in a congregation con-sisting of members differing in their religious views, in order to satisfy, at least, the most urgent demands for reform? 4. Event-ually, what ways should be pursued by a pure and unmixed Reform Congregation?

In a lengthy response, dated New York, Dec. 21, 1858. Dr. Adler answered these questions.

On Dec. 31, 1858, the Chicago friends of reform, sent a second letter to Dr. Adler, asking his opinion concerning Einhorn's Prayerbook. On Jan. 18, 1859, he wrote his answer and therein he recommended most warmly the new Prayerbook of Dr. Ein-horn—"kein vorhandenes Gebetbuch kann sich mit dem Einhorn'-schen messen,"—(no prayerbook in existence can stand compari-son with that of Einhorn) he said—and this, his opinion, he sup-ported by good arguments.

By our signatures we promise to work with love and all our power for the attainment of these aims.

The letters interchanged between the Chicago friends of reform and Dr. Adler were soon thereafter published, first in the monthly magazine, *Sinai*, for 1859, on pp. 53–60, and secondly in the brochure "*Kol Koré Bamidbar,* Ueber jüdische Reform," which in March, 1859, left the press here in Chicago. In the published correspondence, both in *Sinai* and in the brochure just named, the question regarding the Minhag America and the answer thereto have been omitted, because it was desired that no offense should be given to anyone.

Of this brochure something must be said here. for it was a factor of considerable power in furthering the cause of reform in Chicago and in making the plan of building up a reform congregation in our city a success. Its complete title was: *Kol Koré Bamidbar. Ueber juedische Reform. Ein Wort an die Freunde derselben von B. Felsenthal, Sekretaer des juedischen Reformvereins in Chicago.* The author of this booklet undertook therein to show that reform is justified, is urgent and necessary; he laid down the principles which must underlie a genuine and honest reform; and he showed in what way these principles ought to be applied in Synagogue and in life

The little book was stirring and made quite a sensation. Einhorn reviewed it at length and welcomed it in warm words (*Sinai*, 1859, p. 111 *seq.*) In Germany, too, the same was more or less—mostly less—favorably reviewed, among others by Leopold Stein and Dr. E. Grünebaum. In the eyes of these German critics the author's views were too radical, and it was especially Dr. Grünebaum who said that he could not assent to the bold assertion made by Felsenthal that *the Bible is not the source of Judaism, but a production of Judaism.* In Chicago, too, the same criticism had been made, and on some occasions very bitterly and vehemently. But since then, what a change of views! What in those days by so many was considered as rank heresy. is now almost a common-place saying in the mouth of everyone. How often has it been repeated in our American Jewish periodicals that the Bible is not the source, but a production of Judaism! And though B. Felsenthal, as he honestly believes. was the first one who asserted that the Bible was not the source. but a production of Judaism, yet the thought was not entirely original with him. He had learned it, as he well remembers, and as he here unhesitatingly confesses, from his great friend Lessing. For in his

Theologische Streitschriften, especially in his polemics with the Hauptpastor Göze, Lessing came repeatedly forward with the thesis that there was a Christianity even before a single line of the New Testament was written and before any of the gospels or any of the epistles were in existence. Lessing's dictum was, *mutatis mutandis,* applied by the author of *Kol Koré Bamidbar* to the history of Judaism.

The brochure just spoken of was the work of a single member of the *Reformverein.* But the Verein as such did not neglect to agitate the founding of a reform congregation before the Chicago Jewish public at large. In accordance with a resolution passed, a public meeting was called by the Verein; the same was held on April 17, 1859 in one of the public halls of our city and was attended by hundreds of Chicago Jews. In this meeting Leopold Mayer and B. Felsenthal addressed those assembled. On the next day the *Illinois Staatszeitung* brought a lengthy report concerning this meeting, and Einhorn reprinted the same in his *Sinai,* 1859, p. 153 *seq.*

It was also in compliance with a resolution of the Verein, that some months thereafter in another public hall another Jewish mass meeting was held. This second mass meeting took place on Sept. 29, 1859 (on the afternoon of *Rosh ha-shanah* 5620), and Bernhard Felsenthal addressed on this occasion the hundreds of his fellow-Israelites who had come to this meeting.

For the years 1860 and 1861 the minutes are missing. As to the sources for the history of the Verein in this period, the writer has to rely mainly upon his own memory and upon the reminiscenses of some friends who were co-workers with him. Not much, however, is to be reported of the doings of the Verein in these two years. The political excitement in those years was too intense. civil war between the North and the South was threatening and rapidly approaching, and the minds of all were almost totally occupied by all absorbing political questions. Yet, the seed strewn in 1858 and in 1859 by the Verein was not sown in vain; the Verein continued to exist, and held. though now at less frequent intervals, its meetings. After the fall holidays of 1860 a considerable number of members of K. A. M., seeing that their endeavors to introduce even moderate reforms in their synagogue was fruitless, left their congregation and joined the Verein. In number and in means the Verein was now so much strengthened that successful steps could be taken for establishing a congregation. A committee was appointed (of whom the present writer was a member) to draft a constitution for the congregation about to be founded. In this constitution which was discussed in several sessions of the committee during the winter season of 1860 and 1861, the name "Sinai Congregation" was given to the new congregation; on February 17, 1861, it was resolved to adopt Einhorn's Prayerbook as the ritual of the new temple, and some other reforms in harmony with the religious principles of the *Reform Verein* were agreed upon. The constitution was finally ratified in a general meeting of the members of the congregation, and in April 1861 it was printed. Dr. Einhorn was so well pleased with the Preamble to this Constitution that he reprinted it in his Monthly (*Sinai*, 1861, p. 162). It has been retained and unalteredly republished in all the various revised and amended editions of the Constitutions of the Sinai Congregation and of its daughter, the Zion Congregation, which have since appeared. Einhorn, in speaking of the new congregation in Chicago, said, "Wir glauben kaum, dass auch nur noch Eine Reformgemeinde in Amerika vorhanden ist, die gleich bei ihrem Entstehen einer solchen Klarheit des Strebens sich rühmen konnte" (*ibid. p. 164*). [We hardly believe that there is another Reform-Congregation in America which at its very beginnings had such clear conceptions of its aims].

For completeness' sake, we deem it proper to reprint here the Preamble above referred to. It reads as follows:

"*Whereas*, there appears to exist among Israelites a large degree of indifference in religious matters, threatening to drag life more and more to materialism and degradation, and stifling all nobility of sentiments, all sympathy for higher pursuits, all appreciation of the more sacred boons of humanity; while, on the other hand, Jewish religious life, clinging to obsolete ideas and maintaining antiquated usages, has taken its course in a direction of which we cannot approve;

And whereas, we share the conviction that a truly religious life is the most powerful agent to create noble thoughts and good morals;

And whereas especially the Jewish religion, having a past of four thousand years, most glorious and eventful, is evidently destined, in the future, too, to act a most important part in the development of mankind and in its onward course to the lofty positions of the Messianic time coming :

Therefore, a number of Israelites have associated with the avowed intention of fostering the inestimable inheritance of our fathers, of restituting the original spirit of simplicity, purity and sublimity in Judaism, and thus to perpetuate the same and secure its duration.

The means of attaining this sacred object are chiefly as follows :

1. A Divine Service, which, without divesting the same of its specific Jewish character, shall be in consistence with the laws of reason and truth, and which, in its form, shall be such as will meet the demands of our times, claiming public instruction from the pulpit as an essential part of the same ;

2. A sound religious education of the rising generation, by sustaining a school in which, at least, a thorough instruction in religion, in Hebrew, and in the branches connected therewith be imparted,—a school inspiring the tender hearts of the children for Judaism and for everything that is good, just, and noble ;

3. The removal of usages and ceremonies partly outlived and partly based upon erroneous conceptions, and the substitution of others more vital, more truthful, and more apt to produce blissful effects, and the formation of such arrangements and institutions which tend directly or indirectly to promote and fulfil the objects of religion and to advance its professors to a higher state of perfection.

In order to further the purposes above stated, the members of this Congregation agree to adopt, support and abide by the following Constitution and By-Laws."

We also republish here from the first Constitution and By-Laws of the Congregation some such parts, which have reference to the inner life of the Congregation.

(EXTRACTS FROM THE CONSTITUTION.)

ARTICLE XV.—*Festivals and Public Service.*

Section 1. This Congregation recognizes the Biblical Sabbath and the following Festivals: the first and seventh day of Pesach, one day Shabhuoth, Rosh Hashanah, Yom Hakkipurim, the first day of Sukkoth and Atzereth.

Sec. 2. In the service of the Congregation notice shall also be taken of the following days: Chanukkah, Purim, Rosh Chodesh, Chol Hammo͏ed, the ninth day of Abh, and Thanksgiving Day.

Sec. 3. In addition to Hebrew prayers and hymns, a considerable part of the service shall consist of prayers and hymns, either in German or English.

Sec. 4. The Torah shall be read through during a cycle of three years. The Haphtaroth shall be selected from the other parts of the Bible.

Sec. 5. The Torah is to be read in the original Hebrew. The Haphtaroth are to be read either in German or in English.

Sec. 6. Prayers for the restoration of the Mosaic cult of sacrifices, for the return of an Israelitish nation as such to Palestine, the coming of a personal Messiah, the bodily resurrection of the dead, shall not be engrafted in the service of the Congregation.

(EXTRACTS FROM THE BY-LAWS.)

I.—*On Divine Service.*

§ 1. The standard Prayerbook for this Congregation shall be, "Olath Tamid, Gebetbuch für Reform-Gemeinden," edited by Dr. David Einhorn.

§ 2. Such hymns, psalms, or prayers, as shall be deemed appropriate by the Committee on Public Worship, may be temporarily added by them to the service of the day.

§ 3. The so-called "calling up" to the Torah, also the pronouncing of the priestly blessing by the Kohanim are abolished.

III.—*On Funerals and Usages of Mourning.*

§ 1. No funeral shall take place before the expiration of at least thirty six hours from the time of death, unless otherwise ordered by a physician, and except Sabbath intervening.

§ 2. On the death of a member of the Congregation, or of the wife of a member, all the members of the Congregation shall be invited, and it shall be their duty to attend the funeral. On the death of a child, at least ten members residing in the neighborhood shall be notified, and it shall be their duty to attend.

§ 3. Before the coffin is lowered into the grave, the Minister of the Congregation, or any other person officiating in his place, shall read a proper prayer. After the burial he shall say the Kaddish in conjunction with the mourners.

§ 4. At the day of burial and the two succeeding days, Prayer Meetings shall be held in the house of the mourners, and it shall be the duty of members to attend such Prayer Meetings.

§ 5. The Secretary shall keep a record of all occurrences of death in the Congregation, stating, if possible, the full name, the age, the birth place, and the day of death of the deceased, the last mentioned day according to the Jewish Calendar, as well as to the usual Calendar.

The Congregation was chartered on July 20, 1861 by the Secretary of the State of Illinois, and the following named persons were the incorporators: Benjamin Schoeneman, Leopold Mayer. Raphael Guthmann, Joseph Liebenstein, Benedict Schlossman and Elias Greenebaum.

The young congregation was fortunate enough to acquire a frame building—a former Christian church—as a house of worship. This first temple of the Sinai Congregation, a very modest structure, was situated on Monroe street, between Clark and La Salle streets. On June 21, 1861, the temple was dedicated by Dr. S. Adler. of New York, the first public divine service was held by the young congregation, and a new ritual, the Einhorn ritual, was for the first time used in a western congregation.

It characterizes somewhat the religious views prevailing generally among our Jewish people in those years, when in this connection we state that at the time the congregation was negotiating for the acquisition of its first temple, objections were raised by some members to the buying of the building proposed, for the reason that in this building the congregation would have to sit

with their faces towards the northern wall, while a Jewish
congregation, for religious purposes assembled, in accordance with
law and custom, should turn their faces towards *Mizra'h*, that is :
towards the east. In order to quiet the religious scruples of some,
the rabbi-elect was asked to give his opinion in writing about this
matter, and he did so. (This opinion is printed in *Sinai*, 1861,
pp. 110, 111.)

It is meet and proper that, as a matter of history, we should
record here the names of those who first instituted the *Reform-
Verein*. From the minutes of the first year of its existence
(1858-1859) we gather the following names : Elias Greenebaum,
Michael Greenebaum, Jacob Greenebaum, Henry Greenebaum,
Gerhard Foreman, Leopold Mayer, Leop. Miller, Raphael Guthmann, Isaac Greensfelder, Samuel Straus, Leon Straus, Bernhard
Felsenthal, Nathan Mayer, Moses Rubel, Sam. Alschuler, Jacob
Alschuler, Isaac Liebenstein, Moses Schields, Laz. E.
Lebolt, Simon Haas, Moses Hirsch, Henry Kaufman,
L. Rubens, Isaac Waixel. A complete list of those who
joined in the fall and winter of 1860–61, and who conjointly with
the former members of the Verein founded the Sinai Congregation,
the writer cannot undertake to furnish, as the original lists are
missing. These lists, together with other books and documents,
were destroyed in the great fire, Oct. 9, 1871. This much, however, can be here stated, that among the first members of the Congregation, there were, *besides those just mentioned*, (of whom, in the
course of time, only 3 or 4 had resigned,) the following gentlemen:
B Schoeneman, B. Schlossman, Henry Leopold, E. Frankenthal,
J. Friedman, M. Selz, Chas. Schwab, Abr. Hart, J. L. Gatzert, G.
Snydacker, Herman Lehmann Isaac Wolfner, Aaron Cahn, Bern-
ard Cahn, Nelson Morris, Moses Reinemann, A. Rubel, J. M. Stine,
Jacob Bayersdorf, S. Hyman, Henry Berg, Jos. Liebenstein, and
some others whose names I cannot recall at present. Mr. Schoeneman was the first president of the Congregation.

The congregation commenced its corporate existence without
any treasury whatsoever. In its circumscribed conditions they
invited repeatedly and urgently B. Felsenthal to become their
rabbi, and friends of his, especially Dr. Adler and Dr. Einhorn,
advised him to take the spiritual leadership of the young congregation into his hands. He did so. And he believes—and he is
happy to know that the older members of Sinai Congregation,

those who were members in the first years of its existence, share with him in this belief—that his ministrations within the congregation were blessed ones and brought forth good fruits. The rabbi and the members of the congregation were bound together by the ties of mutual friendship and esteem.

In those years the rabbi was elected, as it was the custom then in almost all Jewish congregations in the land, from year to year. Towards the end of the third year of his service, Felsenthal thought it would be not more than proper that the congregation should now appoint him for a longer term of years, and he gave notice to that effect to some of the officers. The congregation did not consent to act accordingly. They clung to the old and almost generally prevailing policy of electing rabbis in American congregations from year to year. In May 1864, the congregation re-elected Felsenthal, but for one year only, with an increased salary. (In the third year of his officiating in the congregation his salary had been $1,200; for the fourth year he was to receive $1,500.) On the day after this re-election, a committee, consisting of the Messrs Schoeneman, Frankenthal and Gatzert, two of whom are still among the living and still honored members of Sinai Congregation, came to Felsenthal's house and informed him officially of his having been re-elected unanimously for another year and of his salary having been increased. But Felsenthal declined to accept. He answered the committee— and he asked them to report this to the congregation—that he would continue to be the rabbi under the condition that he should be elected for a longer term of years, or, if the congregation would prefer this, that they would secure him in this position during good behavior. The committee reported this to the congregation in a general meeting assembled on the following Sunday, and a motion was made to reconsider the action of the week previous. This the majority in the meeting declined to do; the resolution passed in the preceeding meeting was re-adopted. The consequence was, that in June 1864, Felsenthal retired from his office and ceased to be the rabbi of the Sinai Congregation. On June 17, 1864, he preached his farewell sermon.

––––––––

More than thirty-two years have since passed. The congregation has grown and has flourished, and it is to-day one of the foremost Jewish congregations in America. It has, in all its outer changes and inner growth, remained faithful and steadfast to the *principles* adopted thirty eight years ago by its father, the *Reformverein*. In the main, it has run its course *unentwegt* in the channels which then were dug. But of course, as it always was, and as it still is, a *living* institution, it has had its history also since 1864. But to narrate the same, and to pronounce judgment over the later developments, this must be left to another historian.

Chicago, January 1897.

(Unveränderter Abdruck.)

KOL KORE BAMMIDBAR.

Ueber Jüdische Reform.

Ein Wort an die Freunde derselben,

von

B. Felsenthal,

Sekretär des jüdischen Reformvereins in Chicago.

Chicago, 1859,

Gedruckt bei Chas. Heß, Ecke von Randolph und Dearborn Str.

"Es gibt eine Zeit zum Niederreissen und es gibt eine Zeit zum Aufbauen."

Also sagt das heilige, vom Geiste Gottes durchdrungene Buch.
Unsere Zeit, insofern sie jüdisch-religiöses Leben zum Gegenstande ihrer
Thätigkeit nimmt, ist offenbar mehr zum Aufbauen als zum Einreissen
bestimmt.
Was aber soll gebaut, neu aufgebaut werden? Der innige, festge-
wurzelte Gottglaube, der Sinn für Sittlichkeit und Moralität in allen
Lebensverhältnissen, die Anhänglichkeit an's Judenthum und die Liebe
zu demselben, die gereinigte, von allem Heidenthum und Aberwitz freie
Mosislehre, mit Ausscheidung aller für andere Zeiten, andere Orte und
andere Verhältnisse berechneten Satzungen und Observanzen.
Allerdings ist auch noch Manches niederzureissen, und zwar nicht
bloss irgend eine alterthümliche Ceremonie, deren Leben und Geist
längst entflohen ist und die daher alle vernünftige Berechtigung zur
Fortexistenz verloren hat; oder irgend ein Gebetstück, das nach Inhalt und
Ausdruck uns widerstrebt; sondern mehr noch müssen wir darauf bedacht
sein, die zerstörenden Mächte unschädlich zu machen, welche leider auch
unter den Juden während der letzten Jahrzehnte sich bedeutend Terrain
gewonnen haben, die Frivolität, den Materialismus, den Indifferentismus.
"Das sind deine Götter, modernes Israel!" Und die Altäre dieser Götter zu
zertrümmern, es ist eine heilige Aufgabe. Da ist der verderbliche frivole
Sinn, der nichts Heiligeres, Höheres, Ernstes, Sittliches gelten lassen will;
der um sich fressende Atheismus und Materialismus, der den Sinn für
Moral und das erhebende Gefühl des Seelenadels in der Wurzel zerstört.
dagegen das Thierische im Menschen, den Vandalismus fördert; der
schlaffe Indifferentismus, der unwillig und unfähig ist, sich zu einer
Thätigkeit für Religion und Judenthum aufzuraffen. "Verabscheuen, ja
verabscheuen musst du diese Götzen; ein Gräuel, ja ein Gräuel seien sie
dir, denn sie sind dem Bann verfallen."
Doch immerhin bleibt das Aufbauen die Hauptsache. Nicht bloss
nach negativer Seite hin, im Zerstören, muss sich in nächster Zukunft
die Thätigkeit derer entfalten, welche im und für's Judenthum thätig
sein wollen, sondern auch nach positiver Seite hin, im Schaffen. Eine
solche und *nur* eine solche Thätigkeit kann die Regeneration des Judenthums fördern, unseres Judenthums, das zur Menscheit beglückenden
Religion der Zukunft, zur einstigen Religion der Welt berufen ist. Das

ist um so gewisser, weil die Grundwarheiten des Judenthums ewige Offenbarungen des Gottesgeistes im Menschengeiste sind.

Wird aber nun die Frage gestellt: Welchen Weg haben die Freunde des zukünftigen Judenthums einzuschlagen, um dessen Annährung und immer grössere Verbreitung anzubahnen? so werden die Gesinnungsgenossen wohl mit uns darin einig sein, dass dies am bessten und wirksamsten durch Reformgemeinden geschehe, welche als Vorläufer den orthodoxen Brüdern thatsächlich zeigen, was wir eigentlich wollen; welche als Sammelpunkte für Andere das Panier des reinen, lautern Judenthums hoch empor halten; welche, neben und gleichzeitig mit den orthodoxen Gemeinden bestehend, aller Welt augenscheinlich den Unterschied klar machen zwischen einem deformirten, entstalteten, und einem reformirten, geläuterten Judenthum.

Und hier in Amerika, in diesem gesegneten Lande der Freiheit, hier müssen die nachdrücklichsten Unternehmungen für Veredlung und Klärung des Judenthums statt finden. Hier muss ein Judenthum empor blühen, das "unsere Weisheit und unsere Vernunft vor den Augen der Nationen" ist. Zur Förderung dieses Zweckes ergeht auch dieser *Kol Kore Bammidbar*, diese Stimme, welche hinein ruft in die Wüste des Ueberkommenen und welche auch ihrerseits ein wenig dazu beitragen mö-hte, dass *Wajjasem Midbarah Keeden* die Wüste sich in Paradiesesherrlichkeit gestalte.

Ja, dem amerikanischen Israel liegt hauptsächlich diese Mission ob. In Europa, dort herrscht das Staatsjudenthum, dort lenken die Paschas in den Regierungsgebäuden und Amtstuben auch die religiösen Bewegungen, und zügeln die Geister nach Willkür. Dort aber auch schlingen sich unzählige Fäden einer tausendjährigen Vergargenheit in das jüdisch-kirchliche Leben der Gegenwart, und hundert Rücksichtnahmen frommer Pietät erschweren die Gestaltung eines solchen Judenthums, wie es in dem Geiste der Denkenden lebt. Was aber, Gesinnungsverwandte, hindert uns, uns *amerikanische* Israeliten, dass wir ein geläutertes Judenthum nicht bloss in der Idee, sondern auch in reeller Erscheinung darstellen? Was hindert *uns*? Nichts! Nichts! *Jüdische Reformfreunde dieser Stadt, lasset uns zusammentreten und eine Reformgemeinde bilden!*

Hier aber werden uns unsere orthodoxen Brüder mit der Frage entgegen treten: Wozu wollt ihr eine besondere Gemeinde? Dulden wir nicht auch Chorgesänge? Beseitigen wir nicht auch Pijjutim? Aber, l. Brüder, wir verstehen unter Reform ganz etwas anders, als die blosse Beseitigung der Unordnung in der Synagoge oder die Streichung einiger Stellen im Gebetbuche; wir gehen ja in prinzipiellen Fragen aus einander. Verständigen wir uns!

Die jüdische Orthodoxie stellt folgende Thesen auf:

In der heiligen Schrift ist jedes Wort und jeder Buchstabe unmittelbar göttlichen Ursprungs, und alle Gesetze und Lehren derselben sind ewig unveränderlich. Zu den biblischen Gesetzen deren Anzahl sich auf 613 beläuft, hat Gott am Berge Sinai mündlich an Moses Erklärungen mitgetheilt (die s. g. *Halachoth Lemoscheh Missinai*), welche sich mündlich bis zu der Zeit fortpflanzten, bis man sie im Talmud schriftlich niedergelegt hat, weil man befürchtete, diese Halachoth (Traditionen, mündliche Lehren) möchten verloren gehen. Ausserdem gibt es viele Satzungen, welche aus dem Bibelwort nach gewissen hermeneutischen Regeln abgeleitet sind, welche Auslegungsregeln ebenfalls vom Sinai herdatiren. Alle die biblischen Gesetze nun sowohl, als die traditionellen, wie auch die abgeleiteten, kann keine menschliche Macht antasten. *Gott* hat sie gegeben und Gott *allein* kann sie aufheben. Allerdings übt das heutige Judenthum einen grossen Theil der Gesetze nicht, allein damit stellt es keineswegs deren Zurechtbestehen in Abrede, vielmehr beklagt es, dass die nöthigen Voraussetzungen fehlen, um dieselben, wie z. B. die Opfervorschriften, die mosaischen Staatsgesetze etc. zu erfüllen. Sind die nöthigen Vorbedingungen gegeben, wie der Besitz des Landes Kenaan, so werden auch alle derartigen Vorschriften wieder zu beobachten sein.

So die Orthodoxie.

Jeder unbefangene Sachkenner wird zugeben, dass wir hier die leitenden Grundsätze derselben richtig und unparteiisch angegeben haben. Aber schon in diesen fundamentalen Prinzipien, auf welchen das ganze orthodoxe System ruht, weichen wir von den Brüdern der ältern Anschauung ab. Wie lässt sich nun erwarten, dass wir die Folgerungen als richtig anerkennen, wenn wir schon die Prämissen verwerfen? Allerdings betrachten wir die heil. Schrift als das ehrwürdigste und von reinem göttlichen Geiste am meisten erfüllte Erzeugniss des Judenthums; allerdings verehren wir sie als ewigen und unversiegbaren Born, aus dem wir einen grossen Schatz religiöser Erkenntniss schöpfen. Dennoch aber theilen wir nicht den Glauben, dass alle Theile der Bibel von gleichem Werthe und gleicher verbindender Kraft seien. Es ist uns unmöglich anzunehmen, es sei kein innerer Werthunterschied zwischen Versen wie; "Und die Söhne Cham's waren Cusch, Mizrajim" etc. (Gen. 10, 6.); oder: "Timna war das Weib des Eliphas" (ibid. 36, 12.); oder: "Und der Name seiner Frau war Mehetabel (ibid. 36. 39.), und zwischen den zehn Worten am Sinai (Exod. 20.) oder dem "Höre, Israel" (Deut. 6. 4.) Vergleiche dagegen *Maimonides* zu Sanhedr, X. 8te Glaubenslehre.

Was die Doctrinen der Bibel betrifft, welche sie in Bezug auf Dinge aufstellt oder voraussetzt, die streng genommen nicht zur Kategorie des eigenlich Religiösen gehören, so ist längst der Glaube geschwunden, dass für uns diese Doctrinen massgebend seien. Bei den, unter den Culturvölkern lebenden Juden gibt es in der That Wenige mehr, welche die Resultate moderner Astronomie oder Physik oder Geologie für falsch ausgeben, weil sie mit der Bibel nicht im Einklange sind. Es ist uns wohl bekannt, dass es sowohl unter christlichen, wie in neuerer Zeit auch unter jüdischen Theologen solche oberflächliche Rationalisten gegeben hat, die, wie sie sagten, Bibel und Wissenschaft in Uebereinstimmung setzen wollten, und die so lange am Buchstaben der Bibel herum drehten, bis sie glaubten, sie hätten es richtig und unwiderleglich bewiesen, dass Moses in seiner Schöpfungsgeschichte schon ein Vorläufer von Humboldt gewesen, und dass der Verfasser des Buches Josua das Copernikanische Weltsystem aufs Genaueste inne gehabt hätte. Diese Leute haben auch die s. g. Wunder natürlich zu erklären gewusst. Aber alle solche wissenschaftlichen (?)

Versuche sind eitel Pfafferei (es gibt auch rationalistische Pfaffen) und noch Ueberreste joner Zeit, in welcher man glaubte, die Theologie, wie von den Pfaffen sie gekannt war, sei "die Königin aller Wissenschaften", und der Herr Theologe der Richter in letzter Instanz über die Wahrheit irgend einer Lehre. Alles Derartige in der Bibel beweist vielmehr, dass in diesen Dingen die inspirirten Männer, welche die heilige Schrift verfasst haben, nicht über den wissenschaftlichen Standpunkt ihrer Zeit sich erhoben haben, dass sie vielmehr sich zu Ansichten bekannten, die wir von unserm heutigen Standpunkte aus für irrig und unbegründet erklären müssen.

Wie so aber, wird man hier fragen, kamen die Verfasser der verschiedenen Bücher dazu, derartige Meinungsäusserungen niederzuschreiben? Wie konnte Moses z. B. es wissen, dass Gott in sechs Tagen die Welt erschaffen und am siebenten geruht habe, wenn ihm nicht eine höhere Offenbarung zu Theil geworden?

Bleiben wir bei dem zuletzt angeführten Beispiele stehen—und Beispiele, specielle Fälle gewähren immer mehr anschauliche Deutlichkeit als generelle Sätze—so sagen wir: Moses war nicht der erste, durch den der unter seinem Namen bekannte Schöpfungsmythus, wenigstens seinen Hauptzügen nach, der Welt bekannt wurde. Wir finden ähnliche Mythen bei allen Völkern des Alterthums. Das Institut der Woche, von der sechs Tage der Arbeit und ein Tag der Ruhe geweiht sind, war schon uralt, und ungezählte Jahrhunderte vor Moses, wahrscheinlich schon in vorhistorischen Zeiten, zahlreichen, schon etwas gehobenen Menschenstämmen bekannt. Nachdem nämlich der Mondlauf den Menschen den Begriff eines Monats beigebracht, war nur noch ein Schritt zu thun, um den Monat durch Rechnung, oder auch nach den Mondphasen in Viertel oder Wochen einzutheilen. Der schon lange vor ihm bekannten Woche mit ihrem Ruhetage hat nun Moses die Geschichte der Schöpfung, wie sie sagenhaft im Munde der Dichter und des Volkes lebte, vielleicht etwas mehr angepasst und das ihr eigenthümliche Colorit gegeben. Wie nun die Volkssagen, oder wenn man lieber will, die Philosopheme der alten Welt, in diese Darstellung eindrangen, so noch in gar viele andere.

Obwohl wir nun in Bezug auf solche, streng genommen nicht in's Gebiet der Religion gehörende Fragen der Bibel durchaus keine entgültige und entscheidende Autorität zuerkennen, so legen wir dennoch den bezüglichen biblischen Lehren und Erzählungen einen unschätzbaren Werth bei. Adam und Noah sind keine historischen Personen; die Sündfluth und der babylonische Thurmbau sind, wenigstens so wie die Bibel sie darstellt, keine historischen Facten. Aber welche Schätze von tiefreligiösen Gedanken, welche Reichthümer an ethischem Gehalte liegen unter der Buchstabenhülle dieser Darstellungen! Leuchten Dir, mein Leser, nicht schon aus dem allerersten Verse der heiligen Bücher die grossen Wahrheiten entgegen: Es ist ein Gott! Gott war, ehe die Materie war! Gott ist über und getrennt von der Materie! Die Welt ist eine freie That Gottes! In diesem einen kurzen, ersten Verse der Bibel, worin so klar es ausgesprochen, dass Gott ein transcendentaler Weltschöpfer, nicht aber eine immanente Weltseele ist; dass nicht pantheistische Naturvergötterung das rechte sei,—in diesem einen kurzen Verse *Bereschith bara Elohim* ist allen alten und neuen heidnischen Systemen der vernichtende, ewige Widerspruch entgegen gestellt, und einer der hauptsächlichsten Pfeiler errichtet, auf welchen unser Judenthum ruht. Mag immerhin die Wissenschaft vielfach in Widerspruch mit der Bibel kommen: wir halten dennoch alle Theile der Bibel in hohen Ehren, und aus allen Theilen der Bibel sprudelt uns eine Quelle von Wahrheiten, die nie vertrocknet, und aus der noch nach Jahrtausenden der tiefste Denker wie der schlichte Mann des Volkes Lebenswasser wird schöpfen können.

So weit wird mancher Leser uns Recht geben und sagen: "Ich stimme bei, dass die Bibel kein Lehrbuch der Naturgeschichte ist, in solchen Dingen mag sie irren; was aber die Religionslehre im engern Sinne betrifft, den Gottesbegriff, die Lehre vom Verhältniss Gottes zur Welt und zum Menschen, vom Verhältniss der Menschen unter sich, von der Natur der Seele, der Erwähltheit Israels u. s. w., da ist uns die Bibel massgebend, und gibt uns unumstössliche Wahrheiten."

Aber wie ist es, mein Freund, wenn wir in der Bibel selbst innere Widersprüche bezüglich dieser Lehren entdecken? Es ist ein langer Zeitraum, den die Bibel umfasst, er reicht vom grauesten Alterthum bis auf die Makkabäerzeit herab. und innerhalb dieses Zeitraums hat die hebräische Dogmatik manche Entwicklungsstadien durchlaufen. Mag auch im Ganzen und Grossen genommen der Gottesbegriff zu allen Zeiten derselbe gewesen sein, so war er gewiss zu verschiedenen Zeiten auch *sehr* verschieden nüancirt. Der *El Schaddai* der Patriarchen war ideell vom *Jehovah* des Moses verschieden, und der *Elohe Ha-arez*, im Gegensatz zu den *Elohe Hannekhar*, von welchen im Pentateuch die Rede ist, war ein Begriff der einem Jesaia, einem Micha fremd geworden war. Zur Zeit der letzten Könige und der babylonischen Gefangenschaft—wir reden hier nur immer vom biblischen Zeitalter und lassen die nachbiblische Zeit unbeachtet; würden wir letztere mit herein ziehen, so wären unsere Ansichten noch viel schlagender zu belegen—also zu Ende der biblischen Zeit drangen sogar fremde, heidnische Elemente, namentlich aus dem Parsismus, in die Bibel ein, wie z. B. die Engel-und Dämonenlehre, Spuren vom Dualismus, die Lehre von der Auferstehung des Fleisches u. s. w., von welchen Lehren deutliche Spuren in einigen Kapiteln von Jesaia (21 27), in Jecheskel, Daniel und an anderen Orten zu erkennen sind.

Das Bewusstsein solcher auf fremd heidnischem Boden gewachsenen Vorstellungen war sogar zu einer spätern Zeit den Rabbinen vollkommen klar geworden, so wie sie auch recht wohl zur Erkenntniss kamen, dass die Theologie der biblischen Bücher nicht überall die nämliche ist. Offenbar reagirte eine spätere Epoche gegen die Beibehaltung mancher alten heidnischen Elemente, die sich unberechtigt in den Mosaismus eingeschmuggelt hatten, dennoch aber selbst in vielen Jahrhunderten sich mit demselben nicht recht assimiliren konnten. So heisst es z. B. Jes. 45, 7.: "Er bildet das Licht und schafft die Finsterniss, er macht den Frieden und schafft das Böse." Die Alten aber, welche schon vor 2100 Jahren die ältesten Bestandheile unseres Siddur verabfassten, änderten den biblischen Satz, indem sie ihn als Gebetsformel in folgender Fassung aufnahmen:

Er bildet das Licht und schafft die Finsterniss, er macht den Frieden und
schafft das All. Und warum diese Alteration? Der Talmud, *Berachoth*
11, b., sagt zwar, das sei geschehen, *Mischum Lischna Maalja*, um für
den Ausdruck "das Böse" ein mehr euphonistisches Wort zu setzen. Im
Zusammenhalt mit andern Stellen ergibt sich jedoch als der wahre Grund
der angeführten Aenderung, man wollte Niemanden auch nur einen ent-
fernten Anhaltspunct für die dualistische Parsilehre geben, wonach es
einen Gott des Lichtes und der Finsterniss, des Guten und des Bösen,
einen Ormuz und Ahriman gibt. Im betreffenden Jesaia-Verse ist freilich
keine dualistische Doctrin vorgetragen, vielmehr lehrt dort der Zusam-
menhang das gerade Gegentheil. Allein so viel ist klar, dass einmal zu
einer gewissen Zeit der Dualismus sich Boden zu gewinnen suchte, und
dass man zu einer andern Zeit, nachdem man dies erkannt hatte, auf
Massregeln sann, ihn wieder zu verdrängen. Ebenso lehrt die Mischnah,
ibid. 33, b.: Wenn Jemand betet: "Sei gelobt für das Gute", oder "Wir
danken, wir danken dir", so heisst man ihn schweigen. Und hier setzt
die Gemara ganz deutlich die erläuternde Bemerkung hinzu: weil es
scheinen könnte, als ob der Beter sich zu zwei Göttern bekenne.

Wir haben vorhin bemerkt, es sei den Rabbinen schon im talmudischen
Zeitalter aufgefallen, dass nicht überall in der Bibel die nämliche Theologie vorgetragen werde. Vielleicht ist dieses nicht ganz richtig, da allerdings die Rabbinen eine Verschiedenheit der Auffassung der Gottesidee
bei den verschiedenen biblischen Personen zugeben, dabei aber doch die
Einheit und Gleichförmigkeit der Idee durch die ganze heilige Schrift retten
wollen, indem sie nach ihrer Weise Ausgleichung, Versöhnung der Widersprüche zu geben sich bemühen. So heisst es *Chagigah* 13. b. in Bezug auf
die verschiedenen Visionen, die in Jes.6. und Jech. 1. geschildert sind: Raba
sagt, Jecheskel habe ganz die nämlichen Gesichte wie Jesaia gehabt; erste-
rer habe nämlich die Gottheit geschaut wie ein Dorfbewohner den König,
mit grossem Gefolge, indess Letzterer, Jesaia, ihn in der Weise gesehen habe,
wie der Bewohner der Residenz seinen König sicht.—Man sieht, wie gezwun-
gen diese Erklärung ist, und jedenfall ist *implicite* damit zugegeben,
dass der Prophet Jecheskel eine andere Vorstellung von der Gottheit hatte,
als der Prophet Jesaia. Und was anders ist der Sinn des agadischen
Satzes (Jebhamoth 49, 6): Moses schaute in einen klaren Spiegel, indess
die andern Propheten in einen getrübten Spiegel sahen? So viel steht in
jeden Falle als Resultat fest, dass die biblische Dogmatik von der Patriar-
chenzeit an bis zu den Zeiten Esra's einen Entwickelungsgang durchlaufen
hat, und dass mehrere Epochen in ihr nachzuweisen sind. Wie nichts auf
Erden so fest steht, dass es sich nicht einem historischen Entwickelungs-
prozess unterwürfe, so ist es auch mit den religiösen Gedankenschätzen.
Und wenn ihr sagt: die religiöse Lehre steht ewig still, eine entgegen
stehende Ansicht ist strafwürdige Ketzerei, – so antwortet's doch laut von
allen Seiten: Und sie bewegt sich dennoch.

Geschichte ist innere Entwickelung. Dogmengeschichte ist die Dar·
stellung der innern Entwickelung und Umbildung der religiösen Lehren.
Vom Standpunkte der Orthodoxie gibt es keine solche Wissenschaft wie
Dogmengeschichte; denn die Lehren sowohl wie die Gesetze, so behauptet

sie, sind von Gott am Berge Sinai für ewige Zeiten unveränderlich festgestellt worden. Aber es *gibt* eine jüdische Dogmengeschichte. Wir haben
in Obigem einige Andeutungen aus dem Zeitraum gegeben, den die Bibel
behandelt. Klarer wird es noch, dass es eine Dogmengeschichte gibt,
wenn wir auf die nachbiblische Zeit einen Blick werfen. Da sehen wir
zu manchen Zeiten Ideen auftauchen, sich befestigen und entwickeln,
deren Ursprung aus dem Islam oder dem Christenthum oder aus heid-
nisch griechischen Philosophien sich aufs Bestimmteste nachweisen lässt.
Die Kabbalah einerseits, wie die ältere christliche Gnostik und die daran
sich anknüpfende mittelalterliche Mystik sind parallele Bindungen aus
einer und der nämlichen Wurzel, dem alexandrinischen Neuplatonismus.—
Chibbut Hakkebher, Malakhe Chabalah, Seelenwanderung, jüngstes Ge-
richt, *Hoschana Rabba* u. s. w., alles das sind Begriffe, die ihre Entsteh-
ungszeit theils erst im talmudischen Zeitalter, theils noch später haben.
Und welche Metamorphosen haben diese Begriffe durchlaufen, und welche vielfachen Anschwellungen haben bei manchen derselben stattgefun-
den! Zur Zeit des babylonischen Exils finden wir die ersten Spuren der
Dogmen von einem Melech Maschiach und von einer Auferstehung des Leibes. Diese damals noch einfachen Dogmen—Dogmen, von denen man nicht
sagen kann: "Ihr Grund is auf den heiligen Bergen" der Mosislehre, da er
doch offenbar im Sumpfland der balylonischen, medischen, persischen Reli-
gionssysteme zu suchen ist—welche riesigen Gestaltungen haben sie bei
den Rabbinen des 16., 17. und 18. Jahrhunderts! Da treten zu den in der
ersten Zeit verhältnissmässig einfachen Lehren der Gog und Magog, der
Eliah Hannabi, Maschiach ben Joseph, Tod und Verderben, und Gott
weiss welche andere Ausgeburten phantastischer Träumereien, und der
kleine Keim wächst zur gigantischen Eiche auf, das rieselnde, im Entstehen kaum bemerkbare Bächlein gestaltet sich zum breiten Strome.

Aber dieses Emporwachsen und Sichumgestalten, das ist's, was die
Orthodoxie von den Religionslehren in Abrede stellt, und worin sie prinzi-
piell von den s. g. Reformern abweicht. "Alles, was ist, ist längst gewesen",
sagt sie mit Koheleth, und die Lehre von einer Entwickelung ist eine Ketzerei. Und anderseits mit Hegel: "Alles, was ist, ist vernünftig", jede
Abänderung oder Abweichung ist unberechtigt. Was in der Bibel steht,
fährt sie fort, das und *nur* das ist wahr; die Bibel ist die untrügliche Er-
kenntnissquelle des Judenthums, die Quelle, aus welcher das Judenthum
entsprungen ist; sie ist Gottes Wort, unveränderliche Wahrheit, und Gottes
Wort ist keiner Entwickelung fähig und keiner bedürftig.

Allein dem ist nicht so. Die Bibel ist—wir drucken diesen Satz in
gesperrter Schrift, und wünschen, dass unsere Leser ihn wohl beherzigen
und fest in sich aufnehmen mögen -- *Die Bibel ist* nicht *die Quelle des
Judenthums!*

"Nicht? Nun, das ist aber doch eine Ketzerei, die wirklich gross ist."
Gemach, mein orthodoxer Freund, wir sagen, die Bibel ist nicht die *Quelle*
des Judenthums, aber wir erachten sie als ein *Produkt* des Judenthums,
und zwar, das geben wir ohne Rückhalt zu, das herrlichste und heiligste
desselben. Aber das Judenthum ist *älter* als die Bibel, das Judenthum
nahm seinen Ursprung in dem Augenblick, als Gott dem ersten Menschen

"eine lebendige Seele einhauchte." *Denn seinem Kerne nach ist das Ju-*
denthum das dem Menschengeiste eingeborne Naturgesetz. — Offenbar
dämmerte dieser Gedanke auch in dem Geiste vieler alten jüdischen
Weisen. Nur konnte er nicht zur vollen Klarheit sich empor ringen. Der
Talmud (Joma 23, b. vgl. Kidduschin, Schluss der letzten Mischnah) sagt
einmal: Abraham habe die ganze Torah erfüllt. Was anders hat der Rabbi,
der diesen Ausspruch that, damit behaupten wollen, als dass die Torah,
oder wie wir in unserer Sprechweise sagen, die jüdische Religion, das Judenthum, schon vor der Offenbarung am Sinai vorhanden gewesen, d. h.
d iss, da natürlich die biblischen Ceremonialgesetze damals ungekannt waren, das ewige Naturgesetz (die *Mizwoth Sichlijjoth)* von Abraham beobachtet worden? In demselben Sinne sind talmudische Stellen, wie
solche, wo von einem *Beth Din schel Schem* die Rede ist (Maccoth 23,
b. u. a. a. O.) und andere derartige Passagen zu verstehen. Der Midrasch *)
drückt dies noch viel schärfer aus, wenn er sagt, die Torah war schon vor
Erschaffung der Welt, sie war des Schöpfers Werkzeug, womit er das All
in's Dasein gerufen. Dieser merkwürdige Ausspruch hat ja gar keinen
Sinn, wenn man hier nicht unter "Torah" das Naturgesetz, spezieller das
Gesetz des psychischen Lebens und der sittlichen Weltordnung versteht.
Das *Naturgesetz* aber war allerdings ideell vorhanden, ehe die Natur und
in ihr die Menschenseele reell geschaffen war. Darum wiederholen wir:
Die Bibel is nicht die *Quelle* des Judenthums, sondern ein *Produkt* des-
selben. Sie ist geboren aus dem Geiste der Geschichte, welcher Geist aber
ewig zeugungsfähig und ewig zeugend ist. Das allein von Ewigkeit Seiende
in derselben ist das Naturgesetz im Menschengeiste, von Gott "hinge-
stellt für ewige Zeiten, ein Gesetz von ihm gegeben, das er nicht ändert"
(Ps. 148. 6.). Alles andere ist Resultat geschichtlicher Entwickelung, ist
Gewordenes. Wo wir aber Gewordenes anerkennen, müssen wir auch das
Recht des Werdenden zugestehen, und hierin liegt der Rechtstitel für die
reformatorischen Bestrebungen in unserer Zeit.

Bisher war bloss von Theoretischem, von Lehrmeinungen, Glaubens-
ansichten die Rede, und der Nachweis unternommen, dass eine unausfüll-
bare Kluft zwischen dem alten und neuen Judenthume bestehe. Der Con-
trast stellt sich noch entschiedener heraus, wenn wir unsere Stellung dem
Religionsgesetz gegenüber ins Auge fassen.

Rechnet man zu den *Tarjag Mizwoth*, wie sie zur zweiten Tempelzeit
aufgezählt worden sind, die vielen angeblichen Traditionen vom Sinai
her **), dann die durch die dreizehn Middoth abgeleiteten Gesetze, die ja
auch als *"deoraitha"* gelten, ferner noch die zahllosen Satzungen *"derab-
banan"*, so werden die jüdischen Religionsgesetze nicht zu einer Legion,

---

*) Bereschith Rabbah, Anfang. Wir citiren aus dem Gedächtnisse, da wir im
Augenblicke das Buch nicht vor uns haben.—Auch der Talmud (Nedarim 39, b.
Pesachim 54, a) zählt die "Torah" unter den Dingen auf, die vor Erschaffung
der Welt waren.

**) Welche Vernünftigkeit einigen dieser traditionellen Gesetze inne wohnt, mag
ein Beispiel beweisen Es ist nach Rab Dimi eine *Halachah Lemoscheh Missinai*,
dass man nichts paarweise geniesse, z. B. keine zwei Eier zu gleicher Zeit esse.
Siehe *Pesachim* 110, b.

sondern zu Legionen. "Wer zählt sie alle, kennt die Namen!" Und für dieses fast unzählige Heer von Satzungen nimmt dass orthodoxe System ewige Geltung, ewige Verbindlichkeit in Anspruch. Wir aber sagen: Es gibt nur *eine* Klasse von Gesetzen, ohne Rücksicht darauf, ob sie biblisch oder nachbiblisch sind, welche eine ewige Geltung haben, und das sind die Moralgesetze, vom Finger Gottes eingegraben in die Geistesnatur des Menschen mit unvertilgbarer Schrift. Ein solches ewige Naturgesetz ist das Gebot, die Eltern zu ehren; ein solches ewige Naturgesetz ist aber auch die Feier und Weihe eines Tages nach einer Reihe von Werktagen, und ein Sabbath ist daher in seiner Weise ebenso ein Naturgebot, wie die Ruhe in der Nacht nach der Arbeit des Tages in ihrer Weise ein Naturgebot ist. (Es sei uns erlaubt, hier *en passant* zu bemerken, dass wir allerdings den Tag für den Sabbath nicht durch ein Naturgesetz festgesetzt halten. Doch sind wir entschiedene Gegner der Verlegung des jüdischen Sabbaths auf den Sonntag, weil der herkömmliche samstägige Sabbath eine mehr als dreitausendjährige geschichtliche Weihe hat; weil jede Gemeinde und jedes Individuum durch denselben sich des Zusammenhanges mit dem übrigen Israel bewusst bleiben soll; und weil keine wirklichen und zwingenden Umstände zu seiner Verlegung nöthigen.) Alle andern Gesetze, die nicht in die Kategorie der in der Menschennatur begründeten Gesetze gehören, sind wandelbar, fallen dem geschichtlichen Prozesse des Absterbens und dem Zustande des Todes anheim. *Ein solches Religionsgesetz, das nicht in der geistigen oder physischen Natur des Menschen seine Wurzel hat hat nur so lange Verbindlichkeit, als es weihend auf Kopf und Herz, Gesinnung und That des Religionsgenossen einzuwirken vermag.* Hat es diese heiligende Kraft verloren, so hindert uns nichts mehr, dasselbe als obsolet unbeachtet bei Seite liegen zu lassen. Sich dass Haupthaar nicht rund zu schneiden, und die Ecken des Bartes sich nicht zu verderben, sind zwei Gesetze von den "613", und diese Satzungen wurden offenbar zu Mosis Zeiten gegeben, um gewissen heidnischen Sitten (*Darkhe Emori, Chukkoth Haggojim*) entgegen zu arbeiten. Heute nöthigt uns kein verständiger Grund zur Beobachtung dieser Vorschriften. Für das gleichfalls biblische Verbot, in Egypten zu wohnen, und seine fortdauernde Geltung, hat unsers Wissens sich selbst nicht die leiseste orthodoxe Stimme vernehmen lassen. Die Opfer besassen für ihre Zeit gewiss eine hohe geistig erhebende und sittlich veredelnde Kraft, sie waren eine sinnbildliche Sprache, die im Alterthum, in der Kindheit der Welt mächtig zu den Herzen redete. Sie haben ihren Zweck erfüllt. Heute, wo die Völker oder zum Wenigsten die Culturvölker sich in andern Ideenkreisen bewegen, hätten die Opfer nicht mehr die Kraft wie früher, und *Anno* 419 nach Erfindung der Buchdruckerkunst haben wir ein Recht, sie für geschichtlich todt zu erklären. So waren auch einmal die Kohanim ein nothwendiges Institut. Dieses Institut hat, wie manche andere der mosaischen Einrichtungen, seinen erziehenden Zweck erfüllt, und gehört darum nur noch der Geschichte an. Unsere jetztigen s. g. Kohanim, deren Stammbaum übrigens sehr zweifelhaft ist, haben daher weder besondere Verpflichtungen, noch können sie auf besondere Privilegien in einer Reformgemeinde Anspruch machen, deren Mitglieder der Ansicht sind, das Judenthum sei schon längst in eine Epoche eingetreten, wo Jeder seiner Angehörigen sich als Mitglied eines Priesterstammes, sich als einen Kohen zu betrachten habe.

Dagegen liegt allerdings in den *Mazzoth* noch die Kraft, edle Gefühle zu wecken, den erhebenden Rückblick auf eine grosse Vergangenheit, den dankbaren Ausblick hinauf zu Gott, den stärkenden Hinausblick hin in die Zukunft zu richten, und *darum* — nicht aber weil der. Ausdruck "*Chukkath Olam*" bei dem betreffenden Gesetze steht—verdient das Mazzothgebot auch bei uns Berücksichtigung und Erfüllung. Ebenso verhält es sich mit *Chanukkah*, das zwar keine biblische Institution ist, dem wir aber dennoch, da hohe Schätze religiös anregender Gedanken in ihm liegen, grossen, fast eben so grossen Werth beilegen wie einem biblisch gebotenen Feirtag. *)

Wir, die wir nun auf diesem Standpunct stehen, können wir bei so *grossen* Verschiedenheiten gemeinsam mit unsern orthodoxen Glaubensbrüdern vorangehen? Ist es möglich oder ist es wünschenswerth, dass die verschiedenen Elemente in denselben Gemeinden sich vereinigen oder vereinigt bleiben? Aber dann herrschen ja ewige, unerquickliche, religiöse (?) Streitigkeiten, die die Heiligung drs Sinnes, die Weihe des Strebens durchaus unmöglich machen. Dann gibt es diese unbefriedigenden Compromisse, welche alle Parteien zufrieden stellen *sollen*, in Wahrheit aber keiner Partei Genüge thun. Die "Alten" sagen ihren *Jekum Purkan*, auch wenn die "Neuen" den grossen Sieg davon getragen, dass es in die Synagogen-Ordnung gestellt wurde, er sei nicht zu sagen. Die "Neuen" aber fühlen dunkel die Halbheit und Haltlosigkeit dieser Zustände, und sie werden immer mehr und mehr in der Liturgie abzubröckeln suchen, zuerst den Jekum Purkan, dann den Esehu Mekoman, dann die Pijjutim vor Schemonch Esreh, dann alle Pijjutim, dann die Pesuke Desimrah, dann das Mussaph, u. s. w. u. s. w. Wir sagen es euch voraus, ihr alten, ehrlichen Orthodoxen, die ihr in der gewohnten Weise Befriedigung des Gemüthes suchet und vielleicht findet, so wird es kommen. Diese halben Reformer, die entweder in grossartiger Unwissenheit oder in tappiger Unklarheit oder in chaotischer Begriffsverwirrung nicht wissen, *was* sie eigentlich wollen, oder die irgend lautere oder unlautere Gründe haben ihre eigentliche Farbe zu verleugnen, diese halben Reformer werden euch, orthodoxe Freunde, ohne Schonung eurer Ansichten und Gefühle immer mehr und mehr von dem Alten einzureissen suchen, und so Jahre lang fortfahren, euch zum Aerger und Herzeleid, sich selbst zur Entwöhnung von aller Religiosität. Man hat euch von mancher Seite die "Radikal-Reformer" als wahrhaft fürchterliche Ungethüme geschildert, als Menschenfresser, die jeden Morgen zum Frühstück einige Dutzend Orthodoxe verspeisen. Aber lasst euch die Versicherung geben, dass dem nicht so ist. Wir Radikal-Reformer sind ganz friedliche Leute, die mit Niemanden Händel haben wollen. Fürchtet *uns* nicht. Aber fürchtet die "gesetzlichen

---

*) Ueber mehrere Punkte, welche in der bisherigen Erörterung berührt worden sind, haben wir uns bereits in einigen Nummern des "Sinai" ausgesprochen, und müssen wir, da wir hier nicht so weitläufig sein wollen, auf die betreffenden Artikel verweisen.

und gemässigten Reformer." Das sind "die kleinen Füchse, die euren Weinberg verderben."

Euch aber, die ihr euch so gerne Reformer nennt, und die ihr es mit so viel selbstgefälliger Eitelkeit der Welt verkündigt, wenn es euch gelungen, in eurer betreffenden Gemeinde den *Bammeh Madlikin* abzuschaffen, euch fragen wir: Ist eure Stellung nicht eine falsche? Seid ihr am Ziele eurer Kämpfe, wenn euch ein solches gelungen? Werdet ihr nicht das nächste Jahr wieder eine andere Ordnung wollen und wieder neuen Streit herauf beschwören? Und so das dritte Jahr wieder? Und so das vierte Jahr wieder? Und welcher Gewinn erwächst aus solcher Handlungsweise eurem und eurer Kinder religiösem Leben? Ach Gewinn! Nur geistiger Schaden, Verkümmerung der edelsten Gefühle ist die Folge. Und welchen Gewinn bereitet ihr unserm theuern Judenthum? Ach, dieses verhüllt sich schmerzlich, und bricht in die bittere Klage aus: "Söhne habe ich gross gezogen und in die Höhe gebracht, hoffnungsvolle Söhne, aber sie handeln frevelnd gegen mich." *Ihr* erfüllt nicht das Gebot: Ehre deine Mutter, d. i. Keneseth Israel. Ihr belasset die Mutter in Schande und Verkümmerung.

Und wenn ihr auch in solcher Gemeinde die Majorität und daher die Macht haben solltet, wieder ein Stückchen abzubrechen: wäre es recht, von dieser Macht Gebrauch zu machen? Eine religiöse Gemeinde ist keine politische Körperschaft, und wenn es schon im bürgerlichen Leben von gediegener Bildung zeigt, dass Einer des Andern Gefühle nicht verletze, so ist es in noch grösserm Masse Pflicht, die religiösen Gefühle einer Minorität in einer Gemeinde zu schonen. Eine Majorität ist berechtigt, über die Frage zu beschliessen, ob man die Synagoge erweitern solle oder nicht, ob man einen neuen Vorbeter aufnehmen solle oder nicht. Sobald es sich aber um Gewissensfragen handelt, hört das Recht der Mehrheitsbeschlüsse auf. Vielleicht sind nun gar unter der Minorität die ältesten Mitglieder der Gemeinde oder am Ende die Gründer derselben. Wollt ihr sie hinaus treiben? Vor welchem Richterstuhle erwartet ihr hiezu Billigung? Lasset ihr den Alten das Recht, ihre ganze "dicke Tefillah" durchzusagen, wenn sie "Schulen" sind; sie finden hierin einmal Befriedigung. Und richtet auch ihr euch einen Cultus ein, wie er eigentlich als Ideal vor eurer Seele steht und welcher so beschaffen ist, dass er ein Jahrhundert überdauern kann, nicht aber eine gestückelte Synagogen-Ordnung, welche ein paar Monate besteht, um dann wieder einem andern Flickwerk für die Dauer einiger Wochen Platz zu machen. Ja, lasset ihr den Alten ihre dicke Tefillah, ihr Machsor, Selichoth und Kinothbuch. Wenn euch aber das nicht gefällt, warum seid ihr beigetreten? Und wenn ihr beigetreten seid, warum wollt ihr gewaltsam den Character der Gemeinde, den ihr *vorgefunden* habt, anders machen? Wollt *ihr*—wie reden zu *amerikanischen* Israeliten—wollt *ihr* den Gewissen Anderer dictiren, wie sie ihren Gott verehren sollen? Seht nur zu, ihr säet den Wind, und den Sturm werdet ihr ernten. Ihr streut den Samen der Spannungen, des Unfriedens, des Streites aus, und diese Saat wird aufgehen. O vermeidet dieses, thut solches nicht! Reichet ihr, ihr jüngern, einsichtsvollen Männer, zuerst die Hand dar zum wahren, ächten Frieden, indem ihr zu den

ältern Brüdern, welche der orthodoxen Richtung angehörn, sprechet:
Lasset keinen Streit sein zwischen uns, wir sind ja Brüder! Trennen wir
uns! Geht ihr zur Rechten und wir zur Linken!
Und lasset auch keinen Streit sein im eigenen Lager! Wenn nur in
den *Grundanschauungen* Uebereinstimmung herrscht, dann mag recht
gut eine Verständigung über minder bedeutende Fragen erzielt werden
und ein Zusammengeben in derselben Gemeinde möglich sein. Eine
solche Verständigung ist übrigens auch nur in den eigentlichen *Gemein-
denangelegenheiten* nothwendig. *Individuellen Ueberzeugungen und
privaten Handlungen wird am wenigsten ein Reformer gewaltsam gegenüber treten wollen,* der Toleranz als hohe Religionspflicht anerkennt,
und bloss intolerant ist gegen Intoleranz.

Wir haben im Bisherigen die Berechtigung israelitischer Reformgemeinden, ja im Interesse wahrer Frömmigkeit und Religiosität die Nothwendigkeit derselben zu beweisen gesucht, und freuen uns beifügen zu
können, dass namhafte Männer in der jüdischen Welt Amerika's mit uns
derselben Ansicht sind. Der Leser wird im Anhange höchst bedeutungs-
volle Gutachten sowohl über diesen Punkt wie über einige andere von
Herrn Dr. *Adler* in New-York finden, an den man sich von hier aus von
Seiten mehrerer strebsamen Israeliten mit gewissen Anfragen wandte, und
machen wir auf diese modernen *Scheeloth Utheschubhoth* ganz besonders
aufmerksam. Auch Herr Dr. *Einhorn* drückt sich in einem Schreiben, das
er am 14. Febr. d. J. als Antwort auf eine Zuschrift an einen Freund
jüdischer Reform dahier richtete, dahin aus, dass es nicht billigenswerth
sei, in gemischten Gemeinden hartnäckig zu agitiren, und dass, wenn möglich, die Bildung besonderer Reformgemeinden weit vorzuziehen sei. "Es
ist ein grosser Unterschied", sagt Einhorn im angeführten Schreiben, "ob
die Reform die *Wurzel* einer Gemeinde bildet, oder ihr blos als fremdes
Reis aufgepfropft wird."
Nach den bisherigen Erörterungen gehen wir zur Beleuchtung dessen
über, was wir eigentlich in einer jüdischen Reformgemeinde anstreben und
wie wir es erlangen wollen. Wir werden in unserer Darlegung nur ganz
kurz und skizzenhaft sein, und die uns gebotene Kürze wird uns auch
nöthigen, manches Einzelne ohne volle Begründung hinzustellen. Vielleicht findet sich zu ausführlichern Begründungen an andern Orten
Gelegenheit.
Ehe wir aber die hierher gehörigen praktischen Fragen, die gottes-
dienstlichen Gestaltungen u. dgl. besprechen, seien die theoretischen
Grundbestimmungen aufgestellt, auf denen sich in unsern Tagen eine reine
jüdische Reformgemeinde aufzubauen hat. Da die meisten dieser Grundbestimmungen sich als Resultate aus vorstehenden Erörterungen ergeben,
so ist es wohl am rathsamsten, wenn wir diese Bestimmungen in kurzen
Thesen geben. Unsere "Platform" wird dann um so übersichtlicher, und
der Leser kann die einzelnen "Planken" derselben um so besser sich von
allen Seiten besehen. Wir werden zugleich einige fundamentale Sätze

über den Cultus, welchen Begriff wir viel weiter als gewöhnlich fassen werden, über Gemeindeverfassung u. dgl. beifügen, und liefern dadurch eine Vorarbeit, die vielleicht eine oder die andere Reformgemeinde bei dem Entwurf oder der Abänderung ihrer Constitution der Berücksichtigung werth findet.

A. Erkenntniss des Judenthums.

Jüdische Lehre.

1. Alle religiösen Warheiten haben sich blos auf freie Erkenntniss und Begründung zu stützen. Alle speziell *jüdisch*-religiösen Lehren haben ihren Stützpunkt allein in der freien Erkenntniss und Erforschung derselben aus den anerkannten jüdischen Religionsquellen.

2. Als Quellen für die Erkenntniss der allgemeinen, religiösen Warheiten betrachten wir: die Natur *um* uns—das Weltall—, die Natur *in* uns—das Geistesleben—, und die Geschichte des Menschengeschlechts. Als Quelle für die Erkenntniss der specifisch jüdischen Lehren erklären wir die Geschichte des Judenthums und seiner Bekenner.

3. In der Geschichte des Judenthums richten wir vor Allem unser Augenmerk auf die 24 Bücher der heil. Schrift. Sie sind, wie die ältesten, so auch die ehrwürdigsten und von reinem, göttlichen Geiste am meisten erfüllten Erzeugnisse des Judenthums; sie sind uns darum ein ewiger und unversieglicher Born, aus dem wie Schätze religiöser Erkenntniss schöpfen können.

4. Ferner betrachten wir den Talmud und das reiche jüdische Schriftthum der nachtalmudischen Periode als höchst schätzbare Quellen zur Erkenntniss des Judenthums und seiner Entwickelung.

5. Jeder Israelite hat das Recht und die Pflicht, in den Religionsquellen durch die Anwendung der von Gott ihm verliehenen Geisteskräfte so viel als möglich selbst zu forschen. Denn nicht durch die Einprägung fremder Erkenntniss wird uns die Warheit zu Theil; nicht von aussen in den Menschengeist hinein, sondern von innen heraus leuchtet das Licht der göttlichen Wahrheit.

6. Kraft unseres Geistes, den wir, wie die ganze übrige Natur, ebenfalls als eine Offenbarung Gottes anerkennen, unterscheiden wir in der h. Schrift die Schätze ewiger Warheit, die in ihr niedergelegt sind, von demjenigen, was Ausfluss mangelhafter Zeitvorstellungen und unrichtiger Welt- und Lebensanschauung ist, oder was im gesetzlichen Bereiche für vorübergegangene und vergängliche Verhältnisse berechnet war.

7. Wenden wir diesen Satz auf die Bibel schon an, so können wir um so unbestrittener uns das Recht zuerkennen, die nachbiblischen Religionsquellen und Einrichtungen der Prüfung zu unterziehen, und das, was wir in der Lehre als wahr und im Leben als beibehaltenswerth erkannt, von dem zu sondern, was sich uns in der Dogmatik als unstichhaltig und in der Praxis als überlebt oder ungehörig zu erkennen gibt.

8. Mehr aber noch als im Ausscheiden und Abschaffen erkennen wir im Pflegen und Aufbauen unsere Aufgabe. Lehrsätze, die wir als wahr erkannt, die aber vielfach ihren Halt im Bewusstsein der Zeitgenossen verloren haben, sind wieder neu und fester einzupflanzen; Institutionen, welche weihend auf das religiöse Gemüth zu wirken, wohlthätig das religiöse Leben zu fördern vermögen, sind zu erhalten, zweckmässig zu ändern, oder, wenn nothwendig, den Umständen angemessen neu zu schaffen.

9. Aus dem unter Nummer 5 aufgestellten Grundsatze, dass wir jeden Israeliten für berechtigt und verpflichtet erachten, durch *eigenes* Denken und Forschen sich so viel als möglich mit den Warheiten des Judenthums vertraut zu machen, ziehen wir die Folgerung, dass bestimmt formulirte Glaubensbekenntnisse, die das Denken des Einzelnen binden und fesseln, durchaus unjüdisch sind und niemals aufgestellt werden dürfen, Unser einziges Dogma, zu dem wir jeden zu uns Gehörigen verpflichtet halten, ist: *Volle Glaubens- und Gewissensfreiheit für Jeden.*

10. Beschlüsse einer Gemeinde, insofern sie nicht die Gemeinde als solche betreffen, sondern bloss den Individuen in ihrer Individualität zur Annahme oder Ausführung, überlassen bleiben müssen, sind daher blos als Meinungsäusserungen der Majorität, und nicht als bidend für die Minorität anzusehen.

11. Unsere fundamentale Lehre von der Glaubens- und Gewissens-freiheit hat für uns, die wir uns auf jüdischen Boden gestellt haben, nur die eine Einschränkung, dass wir dasjenige als unjüdisch ansehen, was den *ewigen*, *unwandelbaren* Lehren, wie solche aus den jüdischen Religionsquellen sich für Jeden klar und unzweifelhaft ergeben, entgegen steht, z. B. eine Lehre, welche der Wahrheit von einem einzigen, über der Natur waltenden Gotte widersprechen würde; oder eine Ansicht, welche die Zweckmässigkeit gemeinschaftlicher Erbauungen leugnete, und dergleichen.

12. Gegen vermeintliche Ketzerei oder Uebertretung solcher Bräuche und Vorschriften, die das Individuum allein seinem eigenen Gewissen gegenüber zu verantworten hat, erkennen wir daher kein Recht zu irgend welchen Strafen an. Das einzige, was der Religionsgenossenschaft oder deren Vertreter in dieser Beziehung zusteht, ist das Wort der Belehrung.

13. Wir erkennen auch keinen privilegirten geistlichen Stand an, dessen Glieder zu gewissen kirchlichen Handlungen allein das Recht hätten. Es gibt weder eine erbliche Priesterkaste, noch eine ordinirte und als solche eine besondere Macht habende Geistlichkeit. Die den Geistlichen obliegenden Verpflichtungen und Rechte, wie z. B. das Predigen, Vollziehen, von Trauungen etc., sind bloss von der Gemeinde übertragen. Grundsätzlich ist jeder befähigte Israelite hiezu berechtigt.

B. Jüdisch-Religiöses Leben.
Cultus. Gottesdienst.

14. Der Cultus, den wir aufbauen wollen und der uns als Ziel unserer Bestrebungen vor Augen liegt, besteht einestheils in Führung eines

moralisch reinen, menschenwürdigen Lebens, anderseits in der Herrichtung von Mitteln, die der sittlichen und geistigen Erhebung und Kräftigung dienlich sind.

15. In diesem weitern Sinne, dem wir den Begriff *Cultus* beilegen, umfasst er also die Uebung der Moralpflichten, die gemeinschaftliche Erbauung, die religiösen Bräuche im Hause und in der Familie, und die Erziehung der Jugend.

16. Alle Einrichtungen dieses Gottesdienstes (Cultus,) insofern sie nicht ewige Moralsatzungen sind, sind wandelbar und können als blosse äussere Erweckungsmittel je nach Umständen durch andere und ihrem Zweck mehr entsprechende ersetzt werden.

17. Uebung der Moralpflichten in ihrem ganzen Umfange ist der vornehmste Theil des Gottesdienstes und in treuer Erfüllung derselben sei das ganze Menschenleben ein ununterbrochener Gottesdienst.

18. Die Erbauung der Gemeinde besteht in der gemeinschaftlichen Feier des speziell s. g. Gottesdienstes und sonstiger kirchlicher Handlungen. Zweck solcher Feier ist: Erkenntniss der Wahrheit, Stärkung der Liebe zum Judenthum, Belebung des Gemeingefühls, Kräftigung des brüderlichen Geistes und Sinnes, Ermuthigung zur Fortführung eines moralisch fleckenlosen Lebenswandels.

19. Das religiöse Leben im Hause und in der Familie ist neu zu beleben, und dahin zu trachten, dass durch geeignete Mittel die jüdische Familie immer mehr ein Tempel Gottes werde, worin der göttliche Geist, der Geist des Friedens und der Liebe, des Seelenadels und der Herzensweihe, der Reinheit und der Heiligkeit walte.

20. Eine gute Erziehung der Jugend in der Familie und in der Gemeinde ist ein Hauptaugenmerk für uns. Dem jüdischen Kinde werde vor Allem allgemeine Menschenbildung zu Theil; ausserdem aber werde sein Geist mit möglichst vollständiger Kenntniss des Judenthums, sein Gemüth mit Religiosität und mit Liebe zum Judenthum, sein Willensvermögen mit den Vorsätzen zur Führung eines dem Menschen und dem Israeliten würdigen Daseins erfüllt.

C. Zur Verfassung der Gemeinde.

21. Die jüdische Gemeinde verwaltet mit souveräner Machtvollkommenheit alle ihre innern und äussern Angelegenheiten und keine ausser ihr stehende menschliche Gewalt erkennt sie als *bindende* Autorität an.

22. Jeder von einer israelitischen Mutter Geborene, der nicht förmlich zu einer andern Confession übergetreten; ferner jeder von einer nichtisraelitischen Mutter Geborene, der sich ausdrücklich zum Judenthum bekennt, kann, vorbehaltlich näherer Bestimmungen, Mitglied der Gemeinde werden,

*   *   *

Um den Bestand einer Reformgemeinde zu sichern, und zu verhindern, dass nicht Mitglieder in dieselbe sich eindrängen, welche ihr den

Reformcharakter nehmen wollen, möchten wir für die Constitution einer jeden Reformgemeinde noch folgenden Paragraphen empfehlen :

Die Gemeinde bleibt so lange auf der Grundlage ihrer fundamentalen Bestimmungen, (welche diesem Artikel vorhergehend gedruckt sein können) bestehen, als zehn Mitglieder an diesen Bestimmungen festhalten.

*   *   *

Es ist Zeit, dass wir an die Besprechung practischer Fragen gehen. Jüdische Reformgemeinden fangen gewöhnlich klein an. Aller Anfang ist schwer. Wenn nun die Gemeinde bei'm Anfange schon schlecht geleitet und verwaltet wird, so folgt auf den schweren Anfang oft desto schneller ein leichtes Ende. Gewöhnlich fehlt es an dem einen grossen Hebel, den allmächtigen Dollars. Da gilt es denn, allen kostspieligen Tand, der doch unwesentlich und entbehrlich ist, wegzulassen und nur auf das Nothwendige, Wesentliche Bedacht zu nehmen. Ein würdiger, wahrhaft reformirter Gottesdienst findet sein wesentliches Element nicht darin, wie manche fälschlich glauben, dass man das Gotteshaus zum Opernsaale umgestaltet, wo herrlich gesungen und musicirt wird, sondern in der Wahrheit dessen, was wir dort bekennen und aussprechen, in dem Erfülltsein vom Gottgedanken, in der glühenden Andacht, die sich bald begeistert erhebt zum Vater aller Menschen, bald tief demüthigt vor dem Herrn der Welt, die bald freudige Dankesworte stammelt vor dem Geber alles Guten bald inbrünstige Bitten sendet hinauf in die Höhe. Ein solcher Gottesdienst vermag seinen Segen und seine weihende, heiligende Kraft zu verbreiten über's ganze Leben. Wenn aber die Gemeinde einmal mehr Mittel zur Verfügung hat, dann mag sie und soll sie auch an das "*miscuit utile dulci*" denken und zum Nöthigen das Angenehme treten lassen.

Es gibt allerdings einen grossen, gedankenlosen Haufen, der der Meinung ist, die Reform des Judenthums bestehe darin, dass man einen Chor und eine Orgel in die Synagoge einführe und den *Eiseh Mekaumon* weg lasse. Wie oberflächlich ist diese Betrachtungsweise und zu welchem verkehrten Gebahren hat sie schon Veranlassung gegeben! Die Geschichte der jüdischen Reformbestrebungen in Chicago weiss auch von solchen Verkehrtheiten zu erzählen. Nein, wir sind vielmehr ein Feind von der Art von Chorgesang und der Art von Orgelspiel, wie in manchen Gemeinden sie zur Schau gestellt wird, weil es eben doch nichts ist als ein Schaugepränge, dem man recht gut auch noch bengalische Feuerwerke beifügen könnte. Diese Art ist höchst *unjüdisch*. Der wahre jüdische Geist, wie er aus dem wahren althebräischen Geiste geschichtlich sich entwickelt hat, ist ein Geist des Ernstes und der Frömmigkeit, und ihm durchaus zuwider ist es, Solosängerinnen innerhalb der Synagoge und während des Gottesdienstes ihre Bravourarien mit grosser Kunstfertigkeit vortragen, und leichte gefällige Weisen durch die Orgel spielen zu lassen. Der Betende soll nicht in die Stimmung versetzt werden, wo er mit den Händen klatschen möchte, die Synagoge soll keine Conzerthalle sein, sondern sie soll die Andacht, das Ergriffen-

sein der Versammelten zu bezwecken suchen. Wir wollen ernste, feier-
liche, getragene Chöre, die andachtweckend sind, weil sie aus andachter-
füllten Herzen kommen. Aber die Verzerrung und Unbildung unter unserm
jüngern Geschlecht ist gross. Ein Kaddisch mit einer Melodie aus einer
Bellini'schen Oper kunstmässig herunter getrillert, das gefällt. Eine
ernste, würdige und unverschnörkelt vorgetragene Melodie aus dem alten, ächten *Chassanuth* würde eben so wenig nach ihrem Geschmack
und für ihr Verständniss sein, wie ein Chor ven Händel, Mendelssohn
oder Benhard Klein. O diese "Neumodischen" und "Gebildeten!" Solche Männlein mögen, wenn überhaupt von einem Geist in ihnen die
Rede sein kann, eher als von einem griechisch heitern denn von einem
hebräisch ernsten Geiste erfüllt bezeichnet werden. Sie mögen von
Theater schwatzen und den neusten Fashions; wo es aber Sachen betrifft, die in der Tiefe eines religiösen Gemüthes wiederklingen, da mögen diese Leute schweigen.

Nein, wo solche "Neumodische" von der Zerstörung Jerusalems lieb-
lich singen und bei der Klage um Zion Orgel spielen, da ist keine
Reform, weil kein religiöser Gedanke und kein religiöses Gefühl dabei
ist. Da loben wir uns die alte polnische Synagoge. Dort mag Unordnung herrschen, und regelloser, wirrer Gesang ertönen. Dort aber
kommt es auch noch vor, dass einem frommen Chassan die Thräne
über die Wange rinnt, wenn er von der untergegangenen Herrlichkeit
des Tempels wehklagt. Dort kommt es noch vor, dass sich ein Beter
zerknirscht und nicht gewohnheitsmässig an die Brust schlägt, wenn
er am Neujahrstage sich als Sünder bekennt. Aber unsere blasirten
s. g. Reformer lassen sich bei solchen Gelegenheiten Rouladen singen,
und haben, wie sie sagen, "Plaisir für ihr Geld." Eine solche Hohl-
heit wollen wir *nicht*. Wir wollen vielmehr Wahrheit und Ernst ebenso
wie die frommen Glaubensbrüder der alten Richtung. Mögen unsere
Blasirten spotten über die Männer, welche noch thränenden Auges ihr
Tikkun Chazoth machen. Wir, wenn wir auch ihre Ansichten nicht
theilen, wir achten sie in hohem Grade.

Was nun das eigentliche kirchliche Leben in Reformgemeinden
betrifft, so wird Vieles von den talmudischen und rabbinischen Einrichtungen beizubehalten sein. Aber diese Einrichtungen werden nicht
conservirt, *weil*, sondern *ungeachtet* sie im Talmud stehen. Vieles nämlich ist noch immer frisch und lebensfähig, und hat die Berechtigung
zu seiner Forterhaltung in seiner eigenen Vernünftigkeit. Anderntheils
kann der Cultus, (wir brauchen hier das Wort in dem herkömmlichen,
engern Sinne) als eine Schöpfung für das Volk, und welche im Volks-
geiste wurzeln muss, der ehrwürdigen Weihe der historischen Ueberlie-
ferung nicht gänzlich entbehren. Führen wir ein Beispiel an! Das
Chanukkahfest ist nachbiblisch, und seine Feststellung und die Aus-
bildung der darauf bezüglichen Gebräuche und Vorschriften fällt in die
talmudische Periode. Wenn wir nun auch nicht acht Tage lang
Al Hannissim und "ganz Hallel" sagen, und acht Abende lang die un-
wahre Formel sprechen: Gelobt seist du, Gott, der du uns befohlen hast,
Chanukkahlichter anzuzünden—so wäre es doch gewiss ein Verlust für's

religiöse Leben, wenn wir nicht alljährlich das Andenken an die Makkabäersiege mindestens an dem Sabbathe, der in die Chanukkawoche fällt, gottesdienstlich feiern, wenn wir nicht in unsern Häusern durch Lichtanzünden, Festeslieder etc. den schönen, erhebenden, jüdischen Gedanken uns und unsern Kinder lebendig vor die Seele führen würden, dass Gott auch in den dunkelsten Zeiten für Israel ein Licht und eine Hülfe war, und dass wir hoffen, er werde dies auch in gegenwärtigen und künftigen Zeiten sein.

Ebenso werden wir auch Vieles, was in der Bibel seine Wurzel hat, nicht mehr in ursprünglichem Sinne, sondern in dem neuen Geiste, den der Talmudismus der alten Form hat eingehaucht, beibehalten. Auch hier sei zu grösserer Klarheit ein Beispiel angeführt. Schabuoth war in der biblischen Periode ein reines Erntefest. Von dem Charakter dieses Festes als Erinnerungstag an die sinaitische Offenbarung ist in der vortalmudischen Zeit nicht die geringste Spur aufzufinden. Dennoch feiern wir diesen Tag in der letztern Bedeutung, welche uns eine viel höhere, würdigere, mehr für uns angemessene dünkt, als die alte und ursprüngliche Bedeutung. Eine ähnliche Bewandtniss hat es mit dem ersten Tage in Tischri, den der Pentateuch bloss als *Jom Teruah* kennt, dessen Charakter als *Jom Haddin* und *Rosch Haschanah* aber erst ein volles Jahrtausend nach Moses sich festsetzte, und wir acceptiren diese spätere Gestaltung.

Die Tage, welche die jüdische Reformgemeinde besonders auszeichnen wird, sind der wöchentliche Sabbath und die folgenden sieben Feiertage: erster und siebenter Tag des Pessach, ein Tag Schabuoth, ein Neujahrstag, ein Versöhnungstag, erster Tag des Sukkoth, Azereth. Ausserdem werden Chanukkah und Purim, Rosch Chodesch und Chol Hammoëd, so wie auch der neunte Abh Berücksichtigung im Gottesdienst der Gemeinde finden.

Die angeführten sieben Feirtage sind die bekannten biblischen Festtage. Ihre Feier ist in hohem Grade geeignet, Gedanken und Gefühlen Ausdruck zu geben, die sonst sich nicht so leicht ins Bewusstsein hervordrängen, die aber in bedeutendem Masse geeignet sind, das Thier im Menschen zu bewältigen, und der höhern Natur in ihm zur Herrschaft zu verhelfen. Ueber die Nichtbeachtung der "zweiten Feiertage" brauchen wir hier kein Wort zu verlieren, da über diesen Gegenstand die Debatten schon längst geschlossen sind, und die grosse Mehrzahl unserer Leser theilt mit uns gewiss die Meinung, dass man sie der Vergessenheit anheim geben könne. Nur über die Art, *wie* Sabbath und Fest gefeiert werden sollen, wenige Worte.

In der jüdischen Welt Amerika's herrscht zu einem grossen Theile der Uebelstand, dass man Sabbath und Feste, die man seinem höhern Geistesleben widmen sollte, auch als Geschäftstage benützt, und dass dadurch diese Tage ihren Zweck verfehlen. Manche besuchen wohl auch des Vormittags eine Stunde lang den Gottesdienst, eilen aber aus demselben in ihre Stores oder in ihre Offices, und liegen ihren Geschäften ob. Das ist nicht recht. Die ganze Woche über gleicht ja das Leben einem wilden, unruhigen Sambatjon, und sollte es nicht auch einmal nach einer Reihe solcher unruhig sich hinwälzender Tage zur Ruhe, zum Frieden, zur Selbstbesinnung kommen? Ei, sagen Etliche, unsere Verhältnisse gestatten uns nicht, den Sabbath unserm Geschäfte zu entziehen. Aber dieser Einwand zerfällt, wenn auch nicht bei Allen, doch bei den Meisten in nichts. Denn hier in Amerika, wo unzählige Bahnen offen stehen, ist es Jedem möglich, seinen Unterhalt zu finden, ohne dass er den Sabbath zum Werktage macht. Wäre es wahr, dass die Umstände so zwingend und so gewaltig wären, dass man allgemein den Sabbathtag seinem Geschäfte widmen müsste, so würden wir unbedingt die Verlegung des Sabbaths anf den Sonntag anrathen, so höchst bedenklich auch dieser Schritt wäre. Allein es bestehen keine solchen nöthigenden Umstände. Das Religionsgesetz, den Sabbath seinem werkthätigen Geschäft zu entziehen und zur Weihe und Förderung des Seelenlebens zu benutzen, *kann* beobachtet werden, und *muss* darum beobachtet werden. Ist aber das Religionsgesetz als solches erkannt und anerkannt, so muss zu dessen Erfüllung auch ein Opfer gebracht werden können. Eine Anerkennung des Gesetzes aber und dabei eine Nichtbeachtung desselben, wenn zu beachten es möglich ist, beweist eine Fäulniss in der sittlichen Natur: denn unmoralisch ist jede Handlungsweise, welche mit unsern Ueberzeugungen im Widerspruch steht.

Wie segensreich für Geist und Gemüth kann aber die Feier der Sabbath- und Festtage wirken! Der Gottesdienst und die Predigt in demselben—die Predigt muss in unsern Tagen den Kernpunkt eines jeden Gottesdienstes bilden—kann nach Umständen eine beruhigende, eine erhebende, eine anspornende Kraft gewähren, welche sich für die Dauer der folgenden Geschäftstage als höchst heilbringend erweisen mag. Im Familienkreis kann der Gatte und Vater Stunden der Beseligung verleben, die Derjenige wahrlich entbehren muss, welcher Tage *auch* zu Werktagen benutzt. Man kann unschuldigen, das Herz erfreuenden und den Geist fortbildenden Vergnügungen ein Stündchen weihen, wozu in der Woche, und zumal dem Geschäftsmann in Amerika, keine Zeit vergönnt ist. Willst du, mein lieber Leser, den Sabbath recht und in einer Weise feiern, dass er dir wirklich Segen bringt, so darfst du noch nicht einmal einen Geschäftsbrief lesen, der deine Gedanken lange beschäftigen kann und darfst auch keinen Conto schreiben. Wohl aber magst du, ohne den Tag zu entheiligen, einem Freunde einen freundschaftlichen Brief schreiben; magst auch nicht bloss in der Bibel lesen, sondern dich auch etwa an einem Drama von Schiller erfreuen; magst auch am Sabbath Nachmittag hinaus in den öffentlichen Garten fahren, um eine Beethoven'sche Symphonie mit anzuhören, und wir finden nicht einmal eine sündhafte Entweihung des Tages darin, wenn du dabei deine Cigarre rauchst. Fern liegt uns der Gedanke eines puritanischen Sabbath, und wir stimmen hier dem R. Jochanan, bei, der gesagt hat: man mag am Sabbath Schauspielhäuser, Circusse und öffentliche Hallen besuchen (Tr. Sabbath 150. a.) Du siehst, lieber Leser, wir sind offen. Aber nichts widert uns auch so an als Lüge und Heuchelei. Wir erwarten freilich nicht, das Jeder unsern hier so offen

dargelegten Ansichten in diesem und in andern Punkten beistimmen
wird, aber *das* erwarten wir, das man unsere Offenheit und Ehrlich-
keit der Gesinnung lobend anerkennen werde. Wir gehören eben nicht
zu der Klasse von Religionslehrern,—und indem wir diese Blätter der
Oeffentlichkeit, übergeben, sind wir auch ein Religionslehrer — welche
am Sabbath bei verschlossenen Thüren sich Feuer und Licht anzünden
wie andere sündige Menschenkinder, welche aber, wenn Fusstritte sich
nähern, geschwind die brennende Cigarre wegwerfen und die heilige
Miene frommer Asceten annehmen. Wenn man solche fromme Hüter
und Wächter der Religion—"das sind die Hüter der Stadt? Nein, das
sind die Zerstörer der Stadt!"—fragt: Herr Doctor, darf ich am Freitag
Abend bei Licht lesen? antworten sie mit erheuchelten Eifer: *Cholilo,*
man möchte ja das Licht beugen. Und wenn ihnen die talmudische
Stelle bekannt ist. erzählen sie dabei die Geschichte von R. Ismael ben
Elischa, der in übermüthigem Selbstvertrauen am Freitag Abend gelesen
und dabei zur grossen Sünde gekommen, das Licht zu beugen, damit
die Flamme heller aufleuchte, und welcher schuldbewusst dann sich
vorgenommen, er werde ein Sündopfer bringen, sobald der Tempel er-
baut sei. (Vgl. Sabb. 12, b.) Wenn der scrupulöse Frager wieder fort
ist, wird die Thüre hinter ihm wieder zugeriegelt, die Fenstervorhänge
werden herabgelassen und die Sabbath-Cigarre wird weiter geraucht.
Ganz so machte es der Schulmeister, der das Kind derb durchschalt,
weil es Kirschen in die Schule gebracht, der aber scheltend die ab-
genommenen Kirschen selber dann gegessen.

Den Gottesdienst betreffend, so sei für uns die Sprache desselben
deutsch, mit Ausnahme der zu verlesenden Abschnitte aus der Torah
und einiger durch ihr hohes Alter geheiligten und ehrwürdigen Gebete
(Jozer Or, Ahabhah Rabbah Schema, Geullah, Tephillah.) Es sind diese
Stücke. wenn die spätern Ansätze wieder ausgeschieden werden, die
ältesten Bestandtheile unserer Liturgie. Doch müssen einige Lesearten
geändert werden, um diese alten Gebetstücke mit unsern Ueberzeugungen in Einklang zu setzen. Es kommen nämlich manche dogmatische
Annahmen in denselben vor, die wir nicht mehr theilen, und die daher,
da vor Gott nur Wahrheit aus unserm Munde gehen darf, aus dem
Gebetbuch entfernt werden müssen. *)

An dieser Stelle müssen wir einiger Einwände gedenken, die wohl
hier erhoben werden mögen. Von einer Seite wird man sagen: Wir
wollen gar kein Hebräisch in unserer Liturgie beibehalten wissen; auch

---

*) Nicht bloss religiöse Lehrmeinungen, wie z. B. die Lehren von der Aufer-
stehung. von einem persönlichen Messias, von der Restitution der Opfer und dgl.
kommen in den alten Gebeten vor. sondern auch noch andere unstichhaltige
Ansichten. So heisst es in dem Gebete *El Adon:* "Gut sind die Himmelslichter,
die unser Gott geschaffen. er hat sie gebildet (d. h. begabt) mit Erkenntniss, mit
Vernunft und mit Verstand." Es beruht dieser, der jetzigen Welt fremdartige
Gedanke auf der Vorstellung, die in der geonäischen Periode und unter den jü-
dischen Philosophen des Mittelalters—siehe z. B. die Schriften des Maimonides,
Aben Esra etc.—sehr geläufig war. der gemäss die Himmelskörper intellectuelle
Wesen sind. In diesem Sinne deuten auch manche ältere Commentatoren den
Vers Psalm 19, 2.

die Torah soll in der Landesprache verlesen werden; das Volk soll Gottes Wort in der ihm verständlichen Zunge hören. Darauf ist zu erwidern: Das Hebräische in der Synagoge ist immerhin ein Band, wenn auch ein schwaches, das sich um das ganze Israel schlingt. Allerdings gibt es stärkere Bande (Einheit des Glaubens, der nationalen Abstammung, eine gemeinsame Geschichte etc.), aber auch dieses ist nicht ohne Wichtigkeit. Mehr noch spricht für das Hebräische ein anderer Grund. Als die "heilige Sprache", in welcher unsere gottbegeisterten Sänger und Propheten gesprochen, wirken ihre Laute mit Macht auf jedes israelitische Gemüth, läuternd, reinigend, Ehrfurcht weckend. Es ist dies ein *mystisches* Element im Gottesdienst und dieses wollen wir nicht verloren gehen lassen. Mystik in gehörigen Gränzen—wir sagen nicht: Mysticismus— ist voll berechtigt im Geistesleben des Menschen, vorzüglich in dem Dienste, den wir dem unfassbaren Gotte widmen. Ist ja die Seele selbst etwas Geheimnissvolles, Mystisches, voll unerforscht er und unerforschlicher Tiefen.

Andere werden folgenden Einwand geltend machen: Warum soll der nichthebräische Theil des Gottesdienstes deutsch sein? Lasst uns ihn englisch gestalten. Aber es ist gewiss nicht zu viel behauptet, wenn wir dagegen sagen, dass das gegenwärtige jüdische Geschlecht in Amerika zu 90 Procent z. Th. *nur* deutsch, z. Th. *besser* deutsch als englisch versteht. Auch bei denjenigen eingewanderten Deutschen, welche ihre geschäftlichen Transactionen ganz geläufig in englisch verhandeln, welche das Englische als Umgangsprache benützen, ist die Sprache, die sie nach ihrem zwanzigsten Jahre erlernt haben, doch immer etwas Fremdes, Angelerntes, nicht aus der Tiefe der eigenen Natur Quellendes, und der eigentliche Geist derselben wird sich nie zu vollem Verständniss ihnen offenbaren. Nun aber gibt es bekanntlich Viele, die das Englische nicht einmal als Conversationsprache vollkommen meistern können. Sind aber unsere ältern Männer, unsere Frauen, bei denen dies der Fall, nicht "auch Menschen, so zu sagen?" Uebrigens kennt jeder Denkende die siegende Gewalt der Gründe, die im Interesse gediegener Bildung dafür sprechen, dass auch noch die heranwachsende Generation deutsch lerne. Das deutsche Volk ist immer noch das erste Culturvolk der Welt und wir beugen uns mit Ehrfurcht vor seinem Geiste, seiner Literatur, seiner Sprache,—unserer herrlichen Muttersprache. Mag Land und Volk politisch auch noch so elend sein, in seinem Geiste und seiner Sprache sind dennoch "die starken Wurzeln unserer Kraft." Wir amerikanisch deutsche Juden wollen daher das Deutsche in unsern Synagogen beibehalten haben. Wird übrigens späterhin ein anderes Geschlecht aufgewachsen sein, das das Englische mit mehr Recht als wir seine Muttersprache nennen kann, und das darum einen englischen Gottesdienst will, nun, dann schaffe man dann einen solchen; ja, wir werden dann, wenn wir noch leben sollten, die eifrigsten Freunde und Fürsprecher desselben sein.

Es existirt übrigens auch kein englisches Gebetbuch, das für eine Reformgemeinde zu gebrauchen wäre. Dagegen besitzen wir ein Gebetbuch in deutscher Sprache, das in Bezug auf tiefreligiösen Sinn, auf ächtjüdischen Character, auf Andacht weckende Kraft, auf Entschieden-

heit des reformatorischen Standpunktes seines Gleichen nicht hat;
Das *"Gebetbuch für Reformgemeinden"*, im vorigen Jahre von Dr. Einhorn, dem Rabbiner der Har-Sinai-Gemeinde in Baltimore, herausgegeben.
Wir haben bereits an einem andern Orte (Sinai, Octoberheft 1858) unser
Urtheil über dasselbe abgegeben. Im Anhange zn dieser Broschüre findet
übrigens der Leser die Stimme eines Mannes über das genannte Buch, der
gewiss Beruf und Berechtigung hat, ein Urtheil hierüber auszusprechen,
und wo die gewichtige Stimme eines *Dr. Samuel Adler* entscheidet, da
verhallen gegnerische Stimmlein wie schwache, leere Schälle. Auch in
Deutschland bezeichnen spruchfähige Männer das in Rede stehende
Buch als das ausgezeichnetste Werk seiner Art, das seit Jahrhunderten in
jüdischer Literatur erschienen sei. Niemand war aber auch vielleicht mehr
berufen, ein neues Gebetbuch zu schaffen, wie *Einhorn*. An tief-innerer
Frömmigkeit und warmer, im Gemüthe wurzelnder Religiosität ein Nach-
manides, an Klarheit des Strebens und Umfang des Wissens ein Maimonides, an Liebe zum und Begeisterung für's Judenthum ein Abarbanel, war
der Rabbiner der Har-Sinai Gemeinde der Mann, ein Gebetbuch zu ver-
fassen und eine Liturgie zu gründen, welche, Gebetbuch und Liturgie,
Segen und innern Frieden in die Herzen von Tausenden giessen werden.
Ein reicher Schatz jüdischer, aus frühern Zeiten uns übererbter Ideen ist
uns im Einhorn'schen Gebetbuch überliefert worden, welche im Gewande
der Muttersprache und durch die häufige impressive Wiederholung derselben im Gottesdienst der Gemeinde sich tief in die Herzen einpflanzen,
und als eine, Religiosität fördernde Kraft von grossem Umfange sich erweisen werden. Wäre *Einhorn* auch nicht der Mann von unwandelbarer
Gesinnungstreue und makellosestem Character, als welcher er sich in
einem schicksalschweren Lebensgange erwiesen hat; wäre er auch nicht
der grosse jüdische Gelehrte und mit in erster Reihe unter den Männern
jüdischer Wissenschaft, der ausgezeichnete Schüler des ausgezeichneten
Rabbi Wolf Hamburger: sein Gebetbuch allein wäre schon im Stande,
ihm einen unsterblichen Namen in der Geschichte des Judenthums zu
sichern.

In Bezug auf das Vorlesen der Torah, so geschieht dasselbe in einem
dreijährigen Cyclus. *"Bemaarabha*, im Westen liest man die Torah in
drei Jahren durch." *(Megillah 29, b.)* Das s. g. Aufrufen findet nicht
mehr statt. Dasselbe war in alten Zeiten eingeführt worden, als jeder
der Aufgerufenen noch der Versammlung seine Paraschah selbst vorlas,
was aber bekanntlich schon längst aufgehört hat, und wurde später beibehalten, um es als Finanzquelle zu benützen, aus der man die zum Unterhalt der Gemeinde nöthigen Gelder schöpfen könnte. Solche Erwägun-
gen jedoch müssen, wenn man sie in unserer Zeit aufstellen will, dem
Einwande weichen, dass die Würde des Gottesdienstes es dringlich
fordert, ihn so einzurichten, dass das Gotteswort in aufmerksamer Weise
und mit Andacht vernommen werden kann, und zu diesem Behufe müssen
das störende Aufrufen und die, die Gedanken ablenkenden Unter-
brechungen beseitigt werden.

Die Haphtaroth, welche deutsch vorgetragen werden, müssen natürlich für einen dreijährigen Cyklus ausgewählt werden. Die Bibel ist reich

genug für einen solchen Cyklus, namentlich wenn Psalmen, Sprüche, Ijob und die übrigen Hagiographen auch ihr Contingent dazu liefern. Die s. g. Mussaphim bleiben weg. Ein Mussaph hat nur dann Sinn, wenn mann die Idee acceptirt, unser Gebetcultus sei nur ein nothge-drungenes Surrogat für den alten Opfercultus. Wir aber glauben ja, der Opferdienst sei blos ein Bahnbrecher für den weit höhern und edlern Ge-betgottesdienst gewesen.

Die Kohanim haben auf keine besondern Vorrechte Anspruch zu ma-chen, noch liegen ihnen eigene Verpflichtungen ob. Trotz Bibel (4. B. Mos. 6. 23) verzichten wir auf ihr Duchan, und trotz Mischnah (Gittin 59, a.) entziehen wir ihnen das Privileg, zuerst zur Torah gerufen zu werden.

Die Reformgemeinde erkennt ebenso auch in religiösen Dingen keinen andern Unterschied zwischen Männern und Frauen an, als solchen, der durch die von Gott festgestellte Naturordnung bedingt ist.

Ein Tallith u. dgl. ist bei'm Gottesdienst nicht zu gebrauchen. Solche Tallethim waren zu einer Zeit empfehlenswerth, als man noch eindring-lich zu Menschen durch äussere Symbole reden konnte. Aber auf dem gegenwärtigen Standpunkte, auf welchen die bisherige geschichtliche Entwickelung die Culturvölker gestellt hat, haben dergleichen Symbole Bedeutung und einwirkende Kraft verloren.

Der Gottesdienst soll incl. der Predigt höchstens 1½—2 Stunden währen, Neujahr und Versöhnungstag ausgenommen, an welchen Tagen das Gemüth feierlicher gestimmt und einer längern Andacht fähig ist.

Die Predigt ist in unsern Zeiten eine Hauptsache in einem Gottes-dienste, und jede grössere Gemeinde muss es sich angelegen sein lassen, einen tüchtigen Prediger und Religionslehrer anzustellen. Bei der An-stellung eines solchen Mannes jedoch darf nicht blindlings zu Werk ge-gangen werden, wenn man nicht die Zahl der Humbugger vermehren will. In Deutschland stellt man an einen Rabbiner und Prediger die Anforde-rung, dass er frommen Sinn, tüchtiges theologisches Wissen und gesin-nungsvollen, ehrlichen Charakter besitze. In Amerika genügen drei andere Stücke, um eine Rabbinerstelle zu bekleiden: eine weite Pfaffenkutte, ein weisses Halstuch, und die Unverschämtheit, vor seinem Namen höchst eigenhändig ein "Rev. Dr." zu setzen. Die Kutte ist wenigstens ein Grund, vor einem amerikanischen "Minister" Respect einzuflössen, da doch oft weder der Charakter noch das Wissen desselben dies zu bewirken vermögen. So trugen auch die babylonischen Reverends Kutten, weil sie keine "Bne Torah" waren (Sabb. 145, b. vgl. Raschi z. St.) Aber so lange man nicht darauf bedacht ist, dass man ehrlichstrebende und cha-racktervolle Männer, die zugleich gründliches Wissen besitzen, mit dem wichtigen Amte eines Predigers bekleidet, so lange werden unsere krank-haften kirchlichen Zustände, trotz der vielen ehrwürdigen "Doctoren", nicht nur nicht geheilt werden, sondern sich noch verschlimmern. Erblichkeit! Das ist und bleibt Nummer eins bei dem religiösen Führer einer Gemeinde, und eher möchten wir einer Reformgemeinde einen ehr-lichen Orthodoxen als Rabbinen empfehlen, denn einen solchen gesin-nungslosen Menschen, der heute mit diesem und morgen mit einem andern Winde segelt; der an einem Sabbath eine Predigt von Holdheim, an einem

andern eine solche von Plessner, an einem dritten gar eine von einem me-
thodistischen Pastoren *mutatis mutandis* mit salbungsvollem Kanzeltone
vorträgt. Ausser dem Synagogen-Cultus fällt noch manches Andere in den Be-
reich des Gemeindelebens. So ist z. B. die Einsegnung der Ehe anders zu
ordnen. Die Trauergebräuche haben sich anders zu gestalten. In dieser
Beziehung hat z. B. das schnelle Beerdigen, das Reissen der Keriah,
Bartstehenlassen, Auf-dem-Boden-sitzen aufzuhören. Dagegen ist die
Sitte in Aufnahme zu bringen, welche schon vor 13 oder 14 Jahren die
deutsche Rabbinerversammlung empfahl, und welche auch in den Reformgemeinden zu New-York, Baltimore, etc. eingeführt wurde, dass sich
die Trauernden drei Tage im Hause halten, fern von der Betheiligung am
Geschäftstreiben, zurückgezogen von der Welt. Während dieser drei Tage
versammelt man sich einmal täglich im Trauerhause zum Gebete und zu
religiöser Belehrung. Wegen verstorbener Eltern sagen die Kinder, Söhne
wie Töchter, ein Jahr lang in der Synagoge *unisono* mit dem Vorbeter das
Kaddisch, ebenso an der "Jahrzeit."

An dem eben angeführten Beispiel von den Trauergebräuchen, die
doch so sehr einer Reform bedürfen, sieht man besonders deutlich, wie
sehr Vereinigung der Gesinnungsverwandten zu Reformgemeinden noth
thut. Der Einzelne wird nicht so bald es wagen können, sich über die
herkömmlichen Ceremonien und Sitten hinaus zu setzen, da er sonst die
Vorwürfe der Gefühllosigkeit, der Frivolität, des Mangels an Pietät über
sich ergehen lassen muss. Empfiehlt aber einmal ein Gemeindebeschluss
den Einzelnen Abschaffung der alten und Annahme besserer Bräuche, so ist
die Sache eine ganz andere. Man hat vorkommenden Falles keine Furcht
vor der Censur unwissender alter Weiber zu empfinden, da die Sache von
einer collectiven Körperschaft ausgeht, und die Reform in diesem Gebiete
bricht sich sichere Bahn.

Bei dieser Gelegenheit sei auch des Begräbniesplatzes gedacht. In
amerikanischen Städten, in denen mehrere jüdische Gemeinden sind, hat
in der Regel auch jede ihren besondern Friedhof. Warum die Zersplit-
terung auch hier? Es sind doch hier keine Gewissensfragen im Spiel!
Können nicht der Deutsche und der Pole, der Rheinbaier und der Altbaier,
der Reformer und der Orthodoxe auf demselben Grunde ruhen? Können
nicht die verschiedenen Gemeinden eine gemeinsame Begräbnisstätte haben? Doch das sind umsonst gestellte Fragen, verhallende Klagen! Hat
eine Reformgemeinde über einen Friedhof zu verfügen, so können auch
arme Nichtmitglieder daselbst unentgeldlich beerdigt werden; die vermö-
genden Verwandten eines Verstorbenen, der nicht zur Gemeinde gehört hat
und auf deren Friedhof beerdigt wurde, werden sich selbst liberal genug
finden lassen, um der Gemeinde Ersatz zu bieten; oder es wird ihnen eine
billige Taxe berechnet. Alle herkömmlichen Prellereien bei solchen Gelegenheiten—wir nennen das Schwarze schwarz, wo wir es finden—müssen
als abscheulich, unreligiös aufhören.

Eine Hauptsache in einer Reformgemeinde ist der Religionsunterricht.
Hier gilt es, zu jäten und zu säen. Eine Reformgemeinde muss, wenn
thunlich, eine Religionsschule haben, in welche, wenn es möglich ist, *alle*

israelitischen Kinder des Ortes unentgeldlich Zutritt haben. Unterrichts-
zeit: Nachmittage der Sabbathe und Sonntage, zwei oder drei Abende in
der Woche. Lehrgegenstände: Religionslehre, biblische Geschichte, Geschichte der Juden und des Judenthums, Hebräisch-Lesen, hebr. Gram-
matik, Uebersetzen der Bibel, rabbinische Literatur, religiöse Gesänge.
Die heranwachsende Jugend der Gemeinde wird im vierzehnten Jahre,
nach vorhergegangener, gründlicher, in besondern Stunden vorgenom-
mener Belehrung jährlich am Schabuoth öffentlich confirmirt.

Die Nothwendigkeit guter Schulen kann nicht oft genug wiederholt
werden. Der Talmud sagt einmal, Jerusalem sei zerstört worden, weil man
den Jugendunterricht vernachlässigte (Sabbath 119, b.) Würde nicht auch
unser Jerusalem, würde nicht auch unser Judenthum grossen Gefahren
ausgesetzt werden, wenn wir das Fundament, auf dem es ruht, den Jugendunterricht, in Verfall gerathen liessen?—

Es darf aber bei dem Jugendunterricht namentlich nicht übersehen
werden, dass er nur in so fern von Werth ist, als er *erziehend* auf das Kind
einwirkt. Aber wie oberflächlich, wie äusserlich angelernt, wie ohne Wurzel im Herzen ist in der Regel das bischen Wissen unserer Kinder! Und wie
leer geht deren Herz bei deren Unterricht aus! Da steht es doch wahrhaftig
im alten Vaterlande besser. Es ist eben ein Fehler der amerikanischen
Erziehungsweise, dass man nur den Kopf berücksichtigt, das Herz aber
ganz ausser Acht lässt. Auf diesem Wege lassen sich wohl tüchtige Ge-
schäftsleute, *shrewd Yankees*, *smart merchants*, *sharp business men*
bilden,—aber auch edle, für alles Gute begeisterte Menschen? Menschen,
die Sinn haben für Kunst, für bessere Literatur? Menschen, die keine
kalten Egoisten sind, sondern das Herz auf dem rechten Fleck habend
überall activ dabei sind, wo es eine grosse Idee auszuführen gilt? Bei den
vielen schönen Charakterzügen des amerikanischen Lebens, die wir gerne
anerkennen, ist aber auch einer, der einen sehr dunkeln Schatten auf das
Bild wirft: Amerika ist ein Land voll Egoisten. Hüten wir uns, wir
deutschen Juden, dass wir nicht auch in dieser Beziehung—die Affen
machen. Wir haben so schon manches den Amerikanern nachgeäfft, was
besser unterblieben wäre. Was soll aber gethan werden, um eigentliche
und höhere Menschenbildung unter uns zu fördern? Da hat, ausser An-
derem, die jüdische Schule auch einen gründlichen Unterricht in jüdischer
Religion und Geschichte zu ertheilen, die Kinder in die Tiefen der heil.
Schriften einzuführen, ihnen die reichen Schatzkammern rabbinischer Literatur zu erschliessen, und mächtig wird dann dies dazu beitragen, in das
Herz edle Gesinnungen einzusenken, und in den Kopf werthvollen Ge-
dankenvorrath einzusammeln. Wenn man mit den Kindern sinnig die
unvergleichlichen und erhabenen Psalmen liest, so kann ihnen wahrlich edle
Freude im Genusse ächter Poesie beigebracht werden, und ein bedeutendes
Moment in gesegneter pädagogischer Thätigkeit ist gewonnen. Ganz im
Ernst, mein werther, junger Leser, in den Psalmen kommen hochpoe-
tische Stellen vor, so schön wie die classische Ballade "*Nothing to wear*,"
und im Pentateuch Erzählungen so nobel wie die Texas-Ranger-Geschich-
ten von Sylvanus Cobb, jr., und jene Psalmen und Erzählungen verdienen
Eigenthum unserer Kinder zu werden.

Es ist hohe Zeit, an die Reform des Erziehungsystems für unsere
Söhne und Töchter zu denken, wenn man nicht das mehr als höchstes
Zielpunkt der Erziehung betrachten will, *Lords of Codfish* und *Flora Mc-
Flimsys* heran zu bilden. Ein Heinrich Pestalozzi thut für Amerika noth.
Mehr aber noch als von der Schule kann im Elternhause für Herzens-
und Gemüthsbildung der Kinder geschehen. Und hier sind wir an einem
Orte angelangt, wo wir ein Wort über das religiöse Leben in den jüdischen
Familien zu sagen haben. Es ist sehr zu bedauern, dass so vielfach die Aues-
serungen des religiösen Lebens aus Haus und Familie geschwunden sind.
Freilich wollen wir nicht empfehlen, dass man immer nach dem Essen das
bekannte, übermässig lange Tischgebet "bensche," und in demselben mit
den Lippen Wünsche ausspreche, von denen unser Herz nichts weiss. Aber
man soll auch nicht das Kind mit dem Bade ausschütten, Genügt uns das
alte Tischgebet nicht, warum nicht ein solches neue, wie es im Einhorn'-
schen Gebetbuch mitgetheilt ist?—Früher hat man die schönen, gemüth-
lichen Semiroth am Freitag Abend gesungen. Warum sollten auch nicht
jetzt der Vater und die Mutter und die Kinder im Schimmer der freundli-
chen Sabbathlichter versammelt bleiben, und englische oder deutsche,
von religiösem Geist durchdrungene Tischlieder anstimmen, bei denen das
Herz aufgeht, die dunkle Sorge entweicht, und Licht und Zufriedenheit
in die Brust einzieht?—Früher hat man am Pessach-Abend "den Seder
gegeben." Aber warum sollte man nicht auch jetzt in der Familie erzählen von den Vätern, die Sklaven waren in Mizrajim, und von der Hülfe
Gottes, die ihnen geworden ist, und erhebende, freudige Danklieder anstimmen? Es muss nicht grade nach der alten Haggadah geschehen, man
mag auch, nein, man *soll* nach einem solchen Ritual greifen, wie es im
"Gebetbuch für Reformgemeinden" mitgetheilt ist.—Früher hat man am
Chanukkah seine vorgeschriebenen Lichter angesteckt, und sein *Maos Zur*
gesungen. Aber warum sollte man nicht auch jetzt Aehnliches thun, und
den Kindern und den Grossen Dankeslicht und Hoffnungschimmer in's
Herz hinein leuchten und singen? Das Lied muss nicht gerade dasselbe
sein, welches wir vom Grossvater erlernt, noch müssen bei den Lichtlein
all die bezüglichen Vorschriften des Schulchan Aruch beobachtet werden.—Und so findet die Reform auch hier zu thun, und hat theils an die
Stelle überlebter Formen neue, lebenskräftige zu setzen, theils die kahlen
Oeden, wo religiöse Bräuche ganz ausgestorben sind, wieder mit dem fri-
schen Grün sinnigen, religiösen Lebens zu bekleiden.

Lenken wir für einen Augenblick unsere Aufmerksamkeit auf jüdische
Zustände, welche eigentlich nicht zum Kirchlichen, zum Gemeindeleben
gehören, so fühlen wir, dass wir hier einen Gegenstand berühren, der dem
Zweck gegenwärigen Schriftchens etwas fern liegt. Da aber hier doch
einmal die Gestaltung des religiösen Lebens besprochen wird, so geschehe
mit kurzen Worten auch dieser Seite der Frage Erwähnung! Nehmen wir
z. B. die Speisegesetze. Die gänzliche Nichtbeachtung derselben zu befür-
worten, wäre sicher unverantwortlich und verwerflich, und würde von der
grössten Oberflächlichkeit zeugen. Sie haben nicht bloss sanitarische Bedeutung, sondern auch noch eine tiefere ethische, indem sie uns von allem
Thierischen, Rohen entfernt halten, und uns in der schönen Tugend der

Selbstbeherrschung üb'n und dadurch beizutragen vermögen, dass das *Ki am kadosh attah*, welches die Bibel mit diesen Gesetzen in Verbindung bringt (Deut. 14, 21; vgl. Lev. 11, 44; 20, 25.,) eine Wahrheit werde. Ein Israelite muss nicht nothwendiger Weise Schinken und Austern essen, und der gegnerischen Wurstphilosophie, der einschmeichelnden Schlange, welche sagt: Iss nur! muss er nicht gerade Gehör geben. Doch sind auch wieder anderseits die einfachen mosaischen Gesetze durch die spätere talmudische Casuistik zu ganzen Gesetzbüchern angewachsen, und ängstliche Gemüther hüten sich wohl, von solchem Fleische zu essen, wobei sie befürchten müssen, der Schochet möchte etwa ein Messer gebraucht haben, in welchem — *Chas Wescholom*! — eine Scharte gewesen ist, oder welches Fleisch nicht gehörig koscher gemacht worden sei. Mit Unbegründetem könnte man aber füglich brechen. Noch gibt es fromme Frauen, die sonst recht erleuchtet sind, deren Gefühl es aber verletzen würde, wenn sie nicht "milchiges" und "fleischiges" Geschirr im Hause hätten. Diesen ehrenwerthen Frauen wollen wir durchaus nicht die Zumuthung machen, ihrem Gewissen und Seelenfrieden entgegen, das "zweierlei Geschirr" zu beseitigen. Gott bewahre! Wo aber keine solche Bedenken der Pietät sind, warum soll man da solche und viele ähnliche, durch nichts begründete Vorschriften ferner beobachten? Warum *Mazzoth* in der scrupulösen Weise wie bisher, da es ja volkommen genügt, wenn wir uns das gewöhnliche Mehl bei'm Müller oder Kaufmann holen, und uns unsere Mazzoth zu Hause selbst backen, jeden Tag frisch? — Im Zusammenhange hiermit sei auch noch die kurze Andeutnng gestattet, dass Manches, was sogar vielfach von unsern Neuorthodoxen vernachlässigt wird, keineswegs heutzutage seine Bedeutung verloren hat, und wo solche *wohlberechtigte* Vorschriften ausser Usus gekommen, sollten sie freilich wieder zum Leben erweckt werden, natürlich aber nicht in der minutiösen Weise des Schulchan Aruch, sondern ihrem Geiste und wesentlichen Gehalte gemäss.

* * *

Wir haben in diesen Blättern unsere Prinzipien und Ansichten offen, ehrlich und rückhaltslos dargelegt, und wir bedauern nur, dass Rücksichten auf die Gränzen, welche uns geboten waren, uns zwangen, manche Punkte nur leise, andere gar nicht zu berühren, welche wir gerne noch besprochen hätten. Doch für den Zweck, den wir zunächst uns vorgesetzt, mag das Gegebene genügen. Unser Zweck aber ist, mit den Gesinnungsgenossen in Chicago uns in Rapport zu setzen, und gemeinsam mit ihnen eine Thätigkeit zur Reform unserer jüdischen Zustände zu entwickeln, welche Thätigkeit von Gott gesegnet sein möge. Wir wissen, wir *haben* Gesinnungsgenossen in Chicago, und wenn auch Viele derselben nicht mit voller Klarheit ihren Standpunkt begriffen haben, so leitet sie doch ein dunkles Gefühl, sich abzuwenden von den verknöcherten Satzungen des überkommenen Judenthums, von der entgeistigen, gemüthlosen amerikanischen Orthodoxie, von der alten Synagoge ohne religiöse Innerlichkeit, und im Hintergrunde ihrer Seele schlummert der Gedanke: Unsere religiösen Zustände müssen geändert, gebessert werden. Diesem Gefühle ist nur Folge zu geben. Der gute Mensch in seinem dunkeln Drange, sagt der Dichter, ist sich des rechten Weges wohl bewusst. Dass man bis jetzt den rechten Weg nicht mit Energie betreten hat, hat darin seinen Grund, dass sich viele durch Gleichgültigkeit, falsche Bedenklichkeiten, unlautere Gründe abhalten liessen, sich offen zu erklären. An sie ergehet hier der Ruf: *Jüdische Reformfreunde von Chicago, lasset uns zusammen treten und eine Reformgemeinde bilden!* Ja, wir wollen eine *religiöse* Gemeinde bilden, eine Gemeinde, in welcher Friede herrscht, eine Gemeinde, der wir mit voller Seele, mit warmer Liebe angehören können, eine Gemeinde, in der sich die Idee eines wahren und lautern Judenthums verkörpert. Wir wollen ein hohes und herrliches Ideal, das uns vorschwebt, in die Realität überführen. Dazu lasset uns zusammen wirken. An euch alle, die ihr uns gesinnungsverwandt seid, und denen die Religion mehr ist, als Sache der Gewohnheit, die ihr sie vielmehr als ein Heiligthum aufgerichtet habt in euren Herzen, als ein Heiligthum, das ihr schirmen wollt, und das euch in allen Lebensbegegnissen Zuflucht sein soll, an euch wiederholen wir den Ruf: *Lasset uns zusammen treten und eine Reformgemeinde bilden!*

Oder sollte dieser Ruf wirklich nicht mehr sein als ein *Kol Kore Bammidbar*, die Stimme eines Rufenden in eine öde Wüste hinein? Chicago ist ja eine Stadt kühner und grossartiger Unternehmungen. So lasset uns auch in dieser Beziehung nicht zurück bleiben. Lasset uns nach dem Ruhme ringen, hier in Chicago die erste jüdische Reformgemeinde in den nord-westlichen Staaten der Union gegründet zu haben. Lasset als wackere Pioniere uns erweisen.

Die Reformgemeinden haben eine schöne Aufgabe. Sie sollen dem Gesammt-Israel die Position zeigen, auf welche es sich stellen muss wenn es die hohe Mission erfüllen will, der Messias der Nationen zu sein, durch welchen gesegnet werden sollen alle Geschlechter der Erde. *Israel ist der Messias der Nationen!* Diese hohe, stolze Lehre immer mehr zum Bewusstsein unserer Stammes- und Religionsgenossen zu bringen, das sei das vorläufige Streben der Reformgemeinden.

Israelitische Reformfreunde von Chicago, lasset uns zusammen treten und eine Reformgemeinde bilden!

Anhang.

Wir lassen hier in einem Anhange die Gutachten folgen, auf welche in vorigen Blättern verwiesen worden ist. Wenn eine so namhafte Autorität, wie der Rabbiner der Emanuel-Gemeinde in New-York ist, in so wichtigen Fragen so wohlerwogene Urtheile abgibt, so ist es wohl überflüssig, den Leser zu ersuchen, mit Aufmerksamkeit und geistiger Sammlung dieselben zu lesen. Auch die Versicherung erscheint nicht nöthig, dass Dr. Adler's hier folgenden Guchtachten irgend welchen *Teschubhoth* früherer Rabbinen an Bedeutsamkeit und innerem Werthe gleich stehen, ja grosse Haufen derselben weit überragen.

Zum bessern Verständniss ist es zweckmässig, die Briefe mitzutheilen, auf welche Adler's Gutachten Antworten sind, da auf diese Briefe einigemal Bezug genommen wird.

Der erste der von hier aus an Herrn Dr. Adler ergangenen Briefe war vor der Gründung des jüdischen Reformvereins, welche Ende Dezember 1858 statt fand, abgesandt worden. Als aber der zweite Brief erging, bestand der Verein schon eine kurze Zeit.

Und nun zur Correspondenz. *)

I.

Herrn Dr. S. Adler in New-York.

Chicago, 24. November 1858.

Geehrter Herr Doktor!

Wenn die Unterzeichneten es sich erlauben, gegenwärtige Zuschrift an Sie, werthester Herr Rabbiner, zu richten, so thun sie dies in der Ueberzeugung, sich an einen Mann zu wenden, der wie wenige berufen ist, über jüdische Fragen Aufschluss zu geben, und der auch mit Liebe und Hingebung dazu beiträgt, dem Judenthum in immer weitern Kreisen zur Würdigung, zur Erkenntniss und zur verherrlichten Gestaltung zu verhelfen.

---

*) So eben, 25. Februar, da wir unser Manuscript dem Drucker einzuhändigen im Begriffe stehen, erfahren wir, dass mit Zustimmung von Dr. Adler die folgende Correspondenz auch im Märzhefte des Sinai, jedoch auf Wunsch mit Weglassung einiger Stellen, die auch hier weggelassen sind, aufgenommen werden wird. Da übrigens gegenwärtiges Schriftchen in die Hände Mancher kommen wird, die den "Sinai" nicht lesen, die Briefe des Herrn Dr. A. aber wichtig genug sind, um sie zur Kunde eines möglichst grossen Publikums zu bringen, so mögen dieselben immerhin hier ihre Stelle finden.

Diese Ueberzeugung erfüllt uns auch mit der Hoffnung, Sie werden
der Bitte um Ihr gefl. Gutachten über verschiedene praktisb-religiöse
Fragen, die wir Ihnen vorzulegen so frei sind, gütigst entsprechen, und
ein solches Gutachten an uns, so bald es Ihnen thunlich ist, gelangen
lassen.

Wir sind Mitglieder der Gemeinde Ansche Maarab in Chicago. Schon
seit einem Jahre wird in dieser Gemeinde auf höchst unerquickliche Weise
auf dem Felde des Synagogengottesdienstes experimentirt. In der einen
Quartalversammlung werden Beschlüsse gefasst und Aenderungen eingeführt, die dann in der nächsten wieder über den Haufen geworfen und
durch andere ersetzt werden. Eine Befriedigung wird dadurch Niemau-
den zu Theil, nicht dem religiösen Manne der alten Schule, wie auch nicht
dem religiösen Manne moderner Anschauungen, und nicht einmal den
Freunden der s. g. Mittelstrasse. Und von all diesen Richtungen zählt die
genannte Gemeinde, die aus etwa 100 Mitgliedern besteht, ihre Anhänger.
Was ist zu thun, um aus diesem Gewirr heraus zu kommen? Welcher
Weg ist einzuschlagen, damit Versöhnung in die Gemüther, Erbauung in
die Synagoge, Friede in die Gemeinde wieder einkehre?

Da sagen die Einen: Man lasse den Text der alten Tephilloth ganz un-
verändert und unangetastet, und beschränke die Reformen darauf, dass
man Chorgesang einführe, Ordnung und Anstand bei'm Gottesdienst
schaffe, höchstens an Festtagen einige Pijjutim weglasse etc. etc.

Andere, denen das nicht genügt, verlangen, dass man an die Stelle des
alten Siddur einen neuen Minhag setze, behauptend, damit könnten sich
die Neuen begnügen und auch die Alten zufrieden geben.

Nein, sagen wieder Andere, wir wollen keine solche Compromisse;
richtet ihr Alten euch euern Cultus ein, wie ihr wollt, und wir den
unsrigen, wie wir wollen; trennen wir uns; lasset uns zwei Gemeinden bilden.

Und so theilen sich die Ansichten auf die verschiedenste Weise, und
suchen sich in der Gemeinde auf die buteste Art zur Geltung zu bringen,
ein wahres Tohu Wabohu.

So bestehen gegenwärtig wieder unserer Gemeinde eigenthümliche
Anordnungen provisorisch und versuchsweise beim Gottesdienste, und
eine Commission hat der nächsten Gemeindesversammlung Bericht vorzulegen, ob diese Anordnungen fortbestehen, oder ob sie wiederum neuen
Platz machen sollen.

In diesem haltlosen Zustand der Dinge wenden wir uns an Sie mit der
Frage: Was ist von denen, welchen Religion und Judenthum und deren
zeitgemässe Pflege am Herzen liegt, unter so bewandten Umständen zu
thun? Gehen Sie uns auf diese *Scheelah* Ihre *Teschubhah*, geben Sie uns
ein motivirtes Gutachten, und wir werden dasselbe dankbar zu schätzen
wissen. *Ihre* Stimme, verehrter Herr Doktor, wird bei uns gewichtig in
die Waagschale fallen, da wir wissen, dass Stimmen gewogen und nicht
gezählt werden müssen.

Erlauben Sie uns, dass wir unsere allgemeine Frage in einige Spezialfragen zerlegen.

1) Ist es wünschenswerth, das da, wo äussere Umstände es möglich
machen, die Freunde des Fortschrittes zur Bildung *besonderer* Gemeinden

schreiten, oder ist es besser, die jüngern Elemente bleiben in den alten Gemeinden, und suchen dort die modernen Ansichten nach und nach zur Herrschaft zu bringen?

2) Welcher Weg ist in einer *gemischten* Gemeinde einzuschlagen, um wenigstens den *dringendsten* Anforderungen der Zeit gerecht zu werden?

3) Welchen Weg hat eine eventuelle reine Reformgemeinde dahier einzuschlagen, wenn s'e sich auf dem Fels des Judenthums in Wahrheit im Lichte der Bildung unserer Zeit aufbauen will? Dieses wä-en die Hauptpunkte, über die wir uns Ihre Gutachten ergebenst erbitten. Im Interesse des amerikanischen Judenthums, enthalten Sie uns dasselbe nicht vor.

In grösster Hochachtung u. s. f.

(Unterschriften.)

II.

New York, 21. Dezember 1858.

Herrn G. Foreman und Cons.!

— — — Vor Allem muss ich Ihnen das Bekenntniss ablegen, dass ich es mir zur strengen Regel gemacht habe, mich nicht in Gemeindeangelegenheiten zu mischen, denen ein Rabbiner vorsteht, und dass nur der hohe, heilige Ernst, wovon Ihr Schreiben erfüllt ist, mich bewegen kann, Ihnen gegenüber eine Ausnahme zu machen. — — — Ich gehe nun an die Beantwortung Ihrer Spezialfragen.

ad 1. Ob Trennung und Bildung einer besondern Reformgemeinde räthlich sei oder besser, dass die jüngern Elemente bei den alten verharren und dort allmählich die modernen Ansichten zur Herrschaft bringen?

Antwort: Jede religiöse Anschauung hat ihre Berechtigung; keine darf suchen, der andern Gewalt anzuthun, und durch Unterdrückung derselben gegen ihre Besitzer einen Gewissenszwang auszuüben. Da aber in allen Kollisionsfällen die kleinere Pflicht der grössern zu weichen hat, so erscheint es rathsam, dass die Reformpartei innerhalb der Gesammtgemeinde, sich vorläufig mit einigen Abschlagszahlungen begnügend, den Stabilen Konzessionen mache insofern ihr dadurch Aussicht eröffnet ist, die entgegenstehenden Ansichten stufenweise zu immer höhern und geläutertern zu erheben. Denn die, wenn auch nur allmähliche Verbreitung geläuterter Religionsanschauungen und die Gewinnung immer grösserer Kreise für di selben muss als eine werthvollere Errungenschaft für's Judenthum angesehen worden, als die Gründung kleiner Reformgemeinden, welche dann die stabilen für immer ihrem Loose überlassen und dieselben gleichsam noch zur Opposition drängen. Ueber diese Aussicht aber auf allmähliche belehrende und läuternde Einwirkung auf den stabilen Theil der Gemeinde darf man sich nicht täuschen. Sie ist nach aller Erfahrung überall nur da vorhanden, wo ein Geistlicher an der Spitze der Gemeinde steht, der mit dem nöthigen Wissen und dem tüchtigsten Charakter ausgerüstet ist, der nicht nach äusserlichem Beifall oder gar nach elendem Geldvortheile trachtend, bald mit dieser, bald mit jener Partei buhlt, sondern, ganz erfüllt von seinem höhern Berufe, auf der Kanzel und ausserhalb dersel-

ben, unablässig nach diesem einen grossen Ziele der Erhebung derGesammt-
gemeinde auf die höchste Stufe der Erkenntniss hinsteuert. Wo sich hin-
gegen eine Gemeinde keines solchen Geistlichen zu erfreuen hat, da wird
das Verbleiben der Reformpartei innerhalb der Gesammtgemeinde stets
nur den Nachtheil haben, dass sie niemals den Ausdruck ihrer vollen Gesinnung zur Geltung bringen kann, ohne die Entschädigung zu haben, für
die geläuterten Religionsideen Proselyten zu gewinnen. Das einzige, was
Sie dann noch erzielen könnten, wäre allenfalls, in den Gemeindeversamm-
lungen einige zahme moderne Cultusformen *per majora* durchzusetzen,
was aber, abgesehen von deren unwesentlicher Bedeutung an sich, nicht
einmal als ein religiöser Gewinn betrachtet werden könnte, das es nicht
ohne Gewissenszwang gegen die stabilen Gemeindemitglieder in Ausführung gebracht werden könnte. Unter solchen Umständen würde ich sagen:
Trennet euch, das ist eine Wohlthat für beide Theile!

ad 3. Welchen Weg hat eine reine Reformgemeinde zu verfolgen?
Die Beantwortung dieser Frage würde vollständig ein Buch füllen, und
kann in einem Briefe nicht einmal umfassend angedeutet werden. Um Sie
jedoch nicht ganz leer ausgehen zu lassen, bemerke ich, dass das Erste und
Wichtigste einer solchen Gemeinde darin besteht, den Cultus von entsetz-
lichen Lügen zu befreien, die Angabe von Thatsachen und Wünschen da-
raus zu entfernen, welche wir in verständlicher Sprache nicht über die
Lippen bringen würden. Dahin gehört das Jammern über Druck und Verfolgung: die Bitte um Wiederherstellung des Opfercultus, um Rückkehr
Israels nach Palästina; die Hoffnung auf einen persönlichen Messias und
auf Auferstehung der Leiber. In zweiter Linie folgt dann, den Schwulst,
die Ueberladung und das Geschmacklose zu verbannen; in dritter Linie—
Klares, Verständliches, Belehrendes und Begeisterndes in den Gottesdienst zu bringen.—Wie gesagt, es sind das Andeutungen, die nur dürftig
die Hauptfragen berühren. Mehr kann in einem Briefe nicht gegeben werden. Es bedarf zur Ausführung eines gewandten, begabten Führers. Aber—
wer sucht, der findet.

· ad 2. Welcher Weg ist in einer gemischten Gemeinde einzuschlagen,
um wenigstens den *dringendsten* Anforderungen gerecht zu werden?
Darauf gibt es eine doppelte Antwort: Ist die Gemeinde der Art ge-
mischt, dass der aufgeklärte Theil für sich eine Gemeinde bilden könnte,
dann muss dieser darauf bestehn, dass den oben ad 3. erwähnten Forde-
rungen Genüge geschehe; *Wahrheit vor Gott ist die dringendste Anforde-
rung eines geläuterten Cultus:* Ist eine Trennung aber nicht möglich,—
nun, dann unterhandelt man mit Klugheit wie ein Gläubiger mit einem
schlechten Schuldner, und· nimmt, was man bekommen kann.

Mit aller Hochachtung etc.

Dr. S. Adler.

III.

Herrn Dr. S. Adler in New-York.

Chicago, 31. Dezember 1858.

Geehrter Herr Doktor!

Es drängt uns, Ihnen für das herrliche, gedankenreiche Schreiben zu
danken, womit Sie uns als Antwort auf unsere Anfragen vom 24. v. M. be-

ehrten. Ihre Ansichten werden, glauben Sie uns, nicht umsonst ausgesprochen und auf keinen unfruchtbaren Boden gefallen sein. Bereits wurden, noch ehe Ihr Schreiben hier ankam, die ersten Schritte zur Bildung einer neuen Gemeinde gethan, und mehrere Personen, zu denen auch wir gehören, alle von gleicher Gesinnung beseelt, haben vorläufig sich geeinigt, um die Grundlagen, auf denen eine gute Gemeinde sich aufbauen will, gehörig auszuarbeiten, und nachdem dies geschehen sein wird, werden wir andere Gesinnungsverwandte heran zu ziehen wissen. Einige vorberathende Versammlungen haben bereits schon statt gefunden.

Ihre, sehr ehrenwerthe, Bedenklichkeit, in die Angelegenheiten einer Gemeinde hinein zn reden, welcher ein Rabbiner vorsteht, wird jetzt nicht bloss uns gegenüber, sondern gegenüber Chicago überhaupt wegfallen, da Herr Dr. Mensor in wenigen Tagen schon die hiesige Stadt verlassen und nach England zurück kehren wird.

Mit einigem Zögern geben wir daran, Ihnen, werther Herr Rabbiner, noch eine Anfrage zur gefl. gutachtlichen Aeusserung vorzulegen. Wir sagen: mit einigem Zögern—weil wir fast fürchten, Ihnen mit unsern Fragen lästig zu werden. Doch entschuldigen Sie uns mit der Wichtigkeit der Sache, um die es sich handelt.

In den Versammlungen, von denen oben die Rede war, ist, wie nicht zu vermeiden, die Frage aufgetaucht, welches Gebetbuch in der zu gründenden Gemeinde einzuführen sei. Man hat das Hamburger, das Merzbacher'sche und das Einhorn'sche Gebetbuch vorzugsweise im Auge. Das Letztere hat einige sehr warme Fürsprecher unter uns, doch sind wieder Andere durch die neue Form und Einkleidung desselben abgeschreckt. Jedoch würden auch diese, ohne sich Gewissenszwang aufzuerlegen, mit dem *Olath Tamid* von Einhorn sich zufrieden geben, wenn es eingeführt würde, obwohl ihnen die gewohnte Form das alten Siddur mehr zusagt. Dürfen wir hoffen, dass Sie uns Ihre Ansicht über das Einhorn'sche Gebetbuch mittheilen, und ob Sie es für uns empfehlenswerth halten?

Wir können diesen Brief nicht schliessen, ohne Sie nochmals um Entschuldigung ob der Belästigung zu bitten, die wir Ihnen verursachen. Uebrigens werden Sie gewiss solche Entschuldigung Personen gewähren, welche sich mit gutem Gewissen das Zeugniss geben können, dass sie mindestens strebsam sind und das Gute wollen. Reichen Sie uns eine hülfreiche Hand in unsern Bestrebungen!

Ihrer baldigen gefl. Antwort entgegen sehend, zeichnen hochachtungsvoll, etc.

(Unterschriften.)

IV.

New-York, 18. Januar 1859.

Herrn G. Foreman und Cons.!

Mit innigster Befriedigung und Freude habe ich die Botschaft Ihrer geehrten Zuschrift vom 31. v. Mts. vernommen, wonach ein Theil der Gemeinde Ansche Maarab zum bessern Bewusstsein sich erhoben, und die Einsichtsvollern derselben bei der Negation nicht stehen bleiben wollen, sondern in der Gründung einer wahrhaften Reformgemeinde das schaffen wollen, was Männern von Ueberzeugung und Charakter geziemt. Es ist aber die Gebetbuchsfrage, welche zunächst Ihnen sich aufdrängt und einige Schwierigkeit mit sich führt. Sie wünschen meine Ansicht über Dr. Einhorn's Gebetbuch zu kennen, und zu erfahren, ob ich es für Sie empfehlenswerth halte. Der erste Theil dieser Frage ist leicht beantwortet. *Kein vorhandenes Gebetbuch kann sich mit dem Einhorn'schen messen.* Es hat nicht allein den Vorzug, dass es einerseits die drückende Masse des den meisten Gemeindemitgliedern unverständlichen Hebräisch erleichtert, und anderseits doch nicht so viel davon heraus geschnitten, dass dadurch der Urtypus verwischt und das Cultusband mit dem übrigen Israel zerrissen wäre, sondern es besitzt ausserdem Eigenschaften, die anderswo vergeblich gesucht werden: eine Klarheit des Gedankens, eine Energie des Ausdrucks, einen Ideenreichthum in den lebhaftesten Farben und Formen der begeisterten Einbildungskraft vorgetragen, kurz, eine Fülle des Lichts und der Wärme, die nicht verfehlen kann, die Theilnehmer zur Andacht hinzureissen und mit den leuchtenden Wahrheiten des Judenthums auszurüsten. Ob ich aber dieses so vortreffliche Gebetbuch auch für Sie empfehlenswerth halte, ist eine Frage, deren Beantwortung nicht von dem Werthe des Buches an sich hergenommen werden darf, sondern von der Stimmung der meisten Gemeindemitglieder in Bezug auf dasselbe bedingt ist. Ich würde diese Frage unbedingt mit *Ja* beantworten, wenn nicht zu befürchten steht, dass darüber die Existenz der Gemeinde zu Grunde ginge, und würde ebenso unbedingt die Frage mit *Nein* beantworten, wenn Letzteres zu befürchten wäre. Die zweite Frage ist daher eine solche, welche Sie selbst weit besser in der Lage sind zu beantworten, als ein Fernstehender. Dennoch möchte ich Ihnen einen Vorschlag zur Erwägung anheim geben. Allerdings hat das Einhorn'sche Gebetbuch eine Form, welche der gewohnten sehr widerstreitet. Aber es theilt in dieser Beziehung nur die Eigenschaft jeder gründlichen Neuerung: es erfordert einige Zeit, bis es sich in das Gemüth hinein gelebt, dann aber hat es dasselbe auch erobert und wurzelt um so fester darin. Wie wäre es nun, wenn Sie dasselbe vorläufig nur provisorisch, etwa auf ein Jahr einführten? Der Verlust für den Fall, dass dasselbe nach einem Jahre nicht ferner gebilligt würde, wäre für nichts anzuschlagen, da das Buch sicherlich für Jeden als Hausandacht seinen vollen Werth hat. Ich erwarte aber, wenn Sie den Vorschlag durchbringen, dass nach einem Jahre kaum mehr eine Stimme sich dagegen erheben wird.

Ich schliesse mit dem Wunsche, dass es Ihnen gelingen möge, Gründer eines Werkes zu werden, das seinen Segen noch über kommende Generationen ausbreiten wird, und halte es kaum für nöthig, noch die Bemerkung hinzuzufügen, dass es mir stets zur Freude gereichen wird, Ihnen hierin mit Etwas behülflich sein zu können.

Hochachtungsvoll etc.

Dr. S. Adler.

www.ingramcontent.com/pod-product-compliance
Lightning Source LLC
Chambersburg PA
CBHW020238090426
42735CB00010B/1742